第三次成长

心理学改变人生

曼莉/著

中国经济出版社
CHINA ECONOMIC PUBLISHING HOUSE
·北京·

图书在版编目（CIP）数据

第三次成长：心理学改变人生 / 曼莉著. -- 北京：中国经济出版社，2024.9. -- ISBN 978-7-5136-7836-0

Ⅰ.B84

中国国家版本馆 CIP 数据核字第 202409TD55 号

策划编辑	崔姜薇
责任编辑	王骏雄
责任印制	马小宾
封面设计	钟诗雅　任燕飞

出版发行	中国经济出版社
印 刷 者	北京富泰印刷有限责任公司
经 销 者	各地新华书店
开　　本	880mm×1230mm　1/32
印　　张	6.5
字　　数	129 千字
版　　次	2024 年 9 月第 1 版
印　　次	2024 年 9 月第 1 次
定　　价	68.00 元

广告经营许可证　京西工商广字第 8179 号

中国经济出版社 网址 http://epc.sinopec.com/epc/　社址 北京市东城区安定门外大街 58 号　邮编 100011
本版图书如存在印装质量问题，请与本社销售中心联系调换（联系电话：010-57512564）

―――――――――――――――――――

版权所有　盗版必究（举报电话：010-57512600）
国家版权局反盗版举报中心（举报电话：12390）　服务热线：010-57512564

我对生活一往情深。

——加西亚·马尔克斯

推荐序

每一个找到自己天赋、使命与热爱的人,都是幸运的。

有一天,我偶然得知,我的私塾班来了一位新学员,曼莉。她在短短半年时间里成功将个人公众号"慢有引力"的粉丝数提升至 10 万,这样的成绩着实亮眼。那时,我和她的接触还不深,一部分原因是她加入私塾班学习的时间尚短,另一部分原因是她本人非常谦逊、低调。

记得有一次,我问她:"你是怎么做到的?"她说:"因为我热爱写作,并且已经坚持了 20 多年。同时,我内心深处有一种强烈的渴望,那就是通过我的文字,帮助更多人获得心灵成长。"

我想,曼莉是幸运的,因为她在做她热爱的事情。同时我也相信,每一份幸运的背后,都有着无数不为人知的沉淀和积累。

再后来,我看到她的生命状态发生着惊人可喜的变化:她从一位默默无闻的新学员,一路高歌猛进,从上万名顺道学员中脱颖而出;仅用了一年时间,她便成长为顺道苏州分院院长，荣登"2024顺道个人影响力之星"TOP 2；她运用在顺道所学的知识，创新举办了心理学旅修线下大课，成为行业先锋；经过一年的用心打磨，她的首部力作《第三次成长》即将面世。

阅读《第三次成长》是一次愉悦的旅程。这本书真挚而温暖，简洁而深刻，开阔而深情，展现了曼莉多年来在心灵成长道路上的不懈追求和努力，书中凝聚着她的丰富人生阅历与岁月积淀。正如她所倡导的"慢有引力"——慢，但有吸引力。即便在她的个人品牌已小有成绩的今天，她依然保持着我最初见到她时的那份沉稳、朴实、简单与纯粹，这是十分难得的。

无论是通过公众号的持续文字分享，还是她即将出版的这本新书，曼莉都在用自己的方式传递着正能量，悄悄影响着她周围的人和环境。作为她的导师，我对她的成长感到无比自豪，同时也深感荣幸，因为支持这个时代每一个有梦想的人，是我创办顺道教育的初衷之一。

祝福每一位与这本书结缘的读者，愿你在"第三次成长"中，能绽放出最精彩的自己。

佘荣荣

2024年6月

自序

向善、向内、向远方

一个人的身体、头脑、心智——我们统称为身心灵，它们是有机一体、同时运作的。只不过，其在不同人的生命里和一个人的不同生命阶段呈现出不同的发展进程侧重和状态。

心理学认为人的成长过程有三个：身体过程、思维过程和情绪过程。身体过程是身体对事物的直接感知，思维过程是头脑最擅长的工作，情绪过程是"我"对感知到的事物的内在表达。这正好对应人的"三命"：父母给的生命、老师给的慧命、自己找到的天命。

对于绝大多数人来说，刚刚出生到12岁左右的阶段，占据主要进程的是肉身的成长，人的身体大量从外部世界吸收物质能量，我们称之为第一次成长——长身体。

到了青春期，他的主要任务是从外部世界大量吸收和学习逻辑、语法、经验、规则等后天知识，来武装他的头脑——

长知识。

从"长知识"阶段的知识的吸收和学习，更多地转向对心灵、智慧的内在成长与开发，叫作第三次成长——长智慧。

智慧和知识是两回事。每个人内在都有与生俱来的灵性智慧。但是当一个人的认知达不到内在智慧的高度时，他的认知就无法和真正的内在智慧匹配，就会毫无意识地与生命擦肩而过。这时他的内在就会出现两个声音：一个是认知的声音，另一个是内在智慧的声音。前者是小我，后者是大我。小我常常受限于固有的认知，他会想方设法地用逻辑、用头脑证明自己是对的；而那个智慧的大我并不会去争辩，只是等待他的自我觉悟，只会在关键时刻用不同的方式去唤醒，让他自己去觉，去悟，去醒来。

对于很多人来说，他们从未被任何事物深深地触动过，他们从未看着一棵树而热泪盈眶，他们从未看着一只蝴蝶而随之抖动，他们从未在阳光落到草叶上之前捕捉到它——他们没有真正地活着。

灵性就是空性，它反映的是一个人的制空能力，是一个生命真正地活着。一个人内在的智慧更像是一种品质、一种悟性、一种启蒙。这个启蒙是一种灵性的体验。一个缺乏灵性体验的人，也是一个缺乏超越物理世界精神体验的人，他们的对话更多地停留在头脑的层面，而难以进入更深的心流，因为他们没有开启真正的内在生命体验。

在第三次成长中，身体的成长退居次要位置，知识的学习依然进行，只不过内在灵性与智慧的开启成为人的首要追求——人开始走上向内探索和更深地向内探索的道路。

在这个过程中，人过往的认知、经验的积累，都是在为内在生命体验的开启准备阳光、土壤、空气和水。在恰当的时间点，人的悟性就出来了，人的灵性就被开启了，突然之间，他好像明白了很多事情。

向善、向内、向远方。

在第三次成长中，我不是你要寻找的人，你自己才是。

目 录

Chapter 01

自我 | 时间是一种祝福 / 001

1. 自我的跋涉 / 003
2. 孤独的必要 / 011
3. 臣服的喜悦 / 018
4. 一切关系皆是我 / 028
5. 山水有相逢 / 037

◇ 咨询室的故事：向外求的人，向内找到了答案 / 046

Chapter 02

力量 | 如果你愿意，生命的每一刻都可以是金色的 / 049

1. 相信的力量 / 051
2. 爱的力量 / 059
3. 面对的力量 / 068
4. 创造的力量 / 076

◇ 咨询室的故事："我为什么总是不想动？" / 085

Chapter 03

成事 | 勇敢的人，先享受世界 / 087

1. 高手的秘密 / 089
2. 成事有方法 / 095
3. "开挂"的快乐 / 104

◇ 咨询室的故事：一个人要走多少路，才会找到自己？ / 113

Chapter 04

财富 | 凡是财富比你多的人，自我限制一定比你少 / 121

1. 财富的逻辑 / 123
2. 金钱与心理 / 128
3. 金钱与能量 / 132

◇ 咨询室的故事：握好自己的人生方向盘 / 135

Chapter 05

热爱 | 我对生活一往情深 / 139

1. 爱这美好生活 / 141
2. 爱一个人怎么会痛苦呢 / 150
3. 爱自己第一 / 157

◇ 慢有引力的故事：去有风的地方旅修 / 166

Chapter 06

世界 | 要爱生活，不要爱生活的意义 / 171

1. 静默会加深 / 173
2. 世界那么大 / 179
3. 活在祝福里 / 185

◇ 慢有引力的故事：我有一个梦想 / 192

自我
时间是一种祝福

Chapter 01

"自己"这个东西是看不见的,撞上一些别的什么,反弹回来,才会了解"自己"。

——山本耀司

1. 自我的跋涉

一个人的自我是怎么形成的

一个人的自我,是在关系的碰撞中形成的。山本耀司有一段很经典的阐释:"自己"这个东西是看不见的,撞上一些别的什么,反弹回来,才会了解"自己"。

所以,与很强的东西、可怕的东西、水准很高的东西相碰撞,然后才知道"自己"是什么。这才是自我。

厉害人物,在与厉害的人、事和物的深度碰撞中淬炼而成。深度碰撞自然有各种痛苦,甚至是深度痛苦。

不仅要和外在的厉害客体去碰撞,也要敢于深入你黑暗的潜意识深处,这样你才能淬炼出更强的自我,才能看到更多瑰丽的风景。

后来我明白了,一个人的自我,很难通过独自冥想显现出来。这个问题的答案不是父母给的，也不是通过咨询得来的，而是自己在和生活的一次次交手中体会、淬炼、实证出来的。

佛陀曾于菩提树下凭一己之力顿悟。不过在顿悟之前，他也经历了许多次碰撞，甚至是深度的碰撞。

有的人年轻时很乖，一切按部就班，很少尝试，很少冒险，把自己裹得很紧，以为这样就会安全，却还是少了见识。

正因我们与世界交手太少，碰撞太少，所以自我就不够凸显，不够深刻，不够显而易见。"非我"也是"我"的一部分。"非我"为"我"提供了一个背景。在碰撞中，我们触碰到了"非我"，而"我"也因此得以被触碰。

那深度的碰撞是怎么回事呢？没有在深夜痛哭过的人，不足以谈人生。人生总有起伏，遇到命运的至暗时刻，你四下观望，无人能救、无人回应，这时候全靠你自己，靠信念、靠意志、靠以命相抵的决心才行。这样的时刻既是你的功课，也是你的关键机会。你只有与自己对话，深入自己的内心深处去凝视深渊，与你的潜意识去交战。

原来，我们与世界、与他人是双向奔赴的。我们见天地、见众生，最终都是为了见自己，明自己的心、见自己的性，认出那个"自己"。

从此，不再是个无明的人！

涉过更深之水

你在玫瑰花上所花的时间,让玫瑰显得很重要。

你在自己身上所花的时间,让自己显得很重要。

多少人只是抬头看了一眼月亮,便继续追逐赖以温饱的六便士。然而悲剧在于,对于身外之物的执着终究是一场虚无。

多少人,只是在沙滩上戏水?只有那些敢于直面虚无人生的勇士,才会涉过更深之水,与风暴、与潮汐共舞,在痛苦与极乐的双重颠簸中拥抱虚无。

命运不是高悬于头顶的大钟,而是自由的倒影。能与命运真正相遇的,只能是从自由中走来的人。

生命的自由与自觉是一件很难的事情。要实现这种自我觉醒的自由,看机缘,看因果,也看慧根。大多数人不敢主动地去改变。因为很痛苦。我是谁?我为什么而存在?我要到哪里去?这么重要的三个问题,有人一生没有得到答案。

这一生,你真正的使命便是身心归位,向内用功,找到内在的火把,照见生命本来的喜悦与光明。当一个人开始向内寻求,发自内心地去改变,他将获得新的生命。"吾性自足,不假外求。"

那些涉过更深之水的人,那些特别温柔与宁静的人,才配享有情深意重。

时间反而是祝福

人生的意义是什么？每个人都必须从正面回答这个终极问题。

我的答案是：提升心性，磨炼灵魂。

太多人希望平静地活着。然而，在实际生活中你会发现，获得真正的平静竟然如此奢侈，并且越来越难。

一个人无法在洞穴中独自生活。特别是人到中年，你会发现，前路茫茫，来路慌乱。时间是个复杂的东西，只要你稍一走神，它便会令你抓狂。

然而，对于那些一直活在丰沛热情中的人，时间是祝福。

一个人只要心中流动着丰沛的情感，他就会主动去和外部世界碰撞，去觉察当下发生的每一件事，去珍视生命的每一段经历，去拥抱梦想也感谢痛苦，并在过程中淬炼和完善自我。

那些一遇到事情就选择性忽略，或者倒头大睡"难得糊涂"的人，那些对自己所经历的事情连一点解释、一点思考都没有的人，是在他们内心的河流中央竖了一块硬石头——"房间里有一头大象"，他们选择视而不见，也因此阻碍了生命的情感流动。

没有情感流动的生活，就像没有阳光的天空。

盛开是一朵花的使命

春天来了,你看路边的小草都在拼命生长,它是立志要做野草界的"扛把子"吗?不是,这只是它成长的本能而已。

植物的一生,对我们有着神一样的启示。

作为万物之灵,我们带着人类亿万年前祖先的基因而来,就像一株植物自带原始生命力一样。我们来到这珍贵的世间自带使命,都值得好好地活着,来到人间我们是为了活出自己,以这样的方式荣耀我们身体里的父母、祖先……

很多人在遭受挫折后,就开始自以为理性地分析,我为什么这么累,我做错了什么,我哪里不好了……其实,这些暂时的困顿和迷茫,只是人生旅程中的一段考验而已。困顿本身是我们使命的一部分,磨炼我们的心性,让我们在煎熬中成长。

孟子说的"曾益其所不能",就是不断成事、不断扩展边界,使生命抵达新的高度和深度。

20来岁的年轻人情感上受一点挫折就感觉看透人生了,三四十岁的年轻人创业失败就觉得天命难违了,五六十岁的人体力稍微差一点就觉得廉颇老矣,这都是未认清自己的使命。

你若盛开,蝴蝶自来。即使蝴蝶不来,你照样得开。

春天没有方向,春天只顾盛开。因为盛开是一朵花的使命。

别描述痛苦，多描述事实

尝试在相对平静的时刻书写，审视你自己。

抹去多余的感情，就像抹去蛋糕上，那些不知所谓的花边。

多用名词、动词和主谓短语去书写，去掉形容词，去掉定语。

别描述痛苦，多描述事实。

这是你的自我时刻。

见山不是山

未经审视的人生不值得一过。

——苏格拉底

我觉得可以稍微改一下，未经觉知的人生，等于浪费。

觉知在前，觉醒在后。

一个人在觉知之前，可能从来没想过"我是谁"这个问题。正因他根本没有审视过，所以他对这个问题没有答案。他不知道自己是谁，所以他还是那个愚昧冥顽的"自己"。

见山，只是山。此时，他正处在"不知道自己不知道"的阶段。

一个人一旦走上觉醒的道路，一切就不一样了。

他开始了哲学追问：我是谁？他开始了深度探索：我从哪里来？我要到哪里去？他开始知道原来自己有很多不知道——自己带着怎样的进化因子，自己来这世上一遭的使命是什么，甚至连自己究竟是什么，答案也不是显而易见的。

此时再见山，已经不再是山。

不同的道路，同一个终点

我们在生命中获得的东西，我们为自己做的事情，我们所拥有的外在物质，都不是最重要的。最重要的是，我们给了生命什么，带给他人什么，穿行在生命这场神圣游戏的时候，我们又可以实现和展现多少存在呢？

最重要的永远只关乎自己——我是谁，我从哪里来，我要到哪里去。

古希腊神话中，忙着转动纺车的女神与她的任务是一体的——不关注结果，完全存在于过程之中。这真是人生的美妙比喻。

成长可以通过阳性道路到来——追逐它、令它发生、用力推动。

成长也可以通过阴性道路到来——对它开放、接纳它、臣服于它。

这就是生命的阴阳能量。关键是取得平衡,在两种能量的流动中自在地切换。

每一种行为几乎都可以追溯到一个相似的源头。很多看似不同的道路与法门,最后的汇合点却惊人一致。

2. 孤独的必要

成为你自己

在一场生命律动的工作坊中,我们接触到一个课题:给自己跳一支舞。

为什么很多人在生活中感觉无力,活出自己就那么难?事实上,成为你自己从来就不是一条简单轻松的路,这是一条向内扎根、蜕变重生的路。

当你的生命想去向那个更高远的境地,当你要扬升,当你要活出你自己,这条路上你一定会遇到障碍。那些来拖拽你的,也许是家人朋友的怀疑、打击、限制、阻止;也许是你自己的自卑、害怕、犹豫、无力;也许你还担心暗处的目光、评判与嘲讽……这些紧紧拽住你后腿的力量,就像桎梏与绳索一样,封印了你的力量。

这就是关键时刻。就看你是否足够坚定、稳固、勇敢。

成为自己,首先要认出那个自己,而这需要足够的勇气。"不是每个人都准备好了面对自己的深渊。"有的人,在凝视中看见了自己的害怕;有的人,在凝视中再次心痛泪流不已;有的人,在凝视中看见了自己的孤单。

只有当我们拨开小我的层层迷雾,来到最里面,才能发现在那里安住着的那个真正的我。生命的蜕变就是一个破茧重生的过程。如果你害怕,就陪你的恐惧共舞;如果你悲伤,就陪你的痛苦共舞;如果你气愤,就陪你的愤怒共舞;如果你喜悦,就陪你的欢乐共舞。

在那次生命律动课上,借由身体的练习,体验身体与情绪的流动,彻底放下头脑的思考,单纯冲破身体的极限,向死而生,打破很多"我以为的"不可能,随之而来的犒赏殊胜无比……当我一次次摔倒在舞台上,又一次次爬起来继续旋转飞舞,那个瞬间刻在身体里的肌肉记忆,久久都无法褪去——这样的实证,即使一生只有一次也足矣。我看到了坚定的我;我看到了宽阔的我;我看到了跳脱的我;我看到了真正的我。

那一刻,我心生感恩:所有来到我生命中的人呀,是你们,引领着我的灵魂飞升。爱与痛,聚又散,劫与缘,都牵引着我,在成为自己的路上,坚定前行……

孤独的意义

> 上帝借由各种途径使人变得孤独,好让我们可以走向自己。
>
> ——赫尔曼·黑塞

君子和而不同。和是重要的,不同是更重要的。

你内心肯定有着某种火焰,能把你和其他人区别开。那火焰,是从你内心深处开出的特别的花。

我们从人群中来,适当的时候也要离开人群去独处。你要尽量活得和别人不太一样,成为一个独特的人。因为你来到这个世界,本来就是独一无二的限量版。

加西亚·马尔克斯在《百年孤独》里写到,比起有人左右情绪的日子,我更喜欢无人问津的时光。独处让自己的本心更自由,它不仅是一种心理状态,也是一种生活态度,一种选择。

不必周旋于别人的情绪,不必为社交感到有压力,不必忍受他人的评判和期待……独处时,我们收摄神识,获得一个真实面对自己的觉察时刻。独处时,我们有机会观照自己、重新审视自己,从而可以打磨出自己的那份独特气质。

向内三步

是你的那些突出的特质和偏好，是你的那些独一无二的经历和情感，是你穿越时光走到今天带在身上的所有东西，构成了现在的你。

也许在世俗的眼光里，它并不足够好，但它是足够独特的，它是你的"内核"，是你的"骨架"，是你的"结构"，是你的"元神"。

对于每个人而言，真正的职责只有一个：找到自我。然后在心中坚守其一生，全心全意，永不停息。其他的路是不完整的，是人的逃避方式，是对大众理想的懦弱回归，是随波逐流，是对内心的恐惧。

如果你的人生没有向外跨出一大步，就意味着你没有向内深挖三步。在任何时候，探索自我都是一个很需要勇气的课题，因为在过程中，你可能要面对种种不堪，穿越过往的伤痛，面对孤独，穿越恐惧，走过破碎，感受疼痛，接纳不完美……

一个内核稳定的人，内在锚定，外在流动。

他流动到哪里，哪里就会鸟语花香，风生水起。

不要太快交出你的孤寂

你有没有发现，越是修为高的人，越是简单纯粹。一个人的心灵越丰富，就越能"归真"，越能活出小孩子般天真无邪的本真。

越是有灵性的人，越是活得像孩子一样，简单纯粹、干净纯真，他们更喜欢一个人独处，并且不会太快交出自己的孤寂。

那天，朋友发给我一段视频。那是他们生活的一个片段。视频中一群红衣喇嘛，围在一位堪布周围前行。堪布一头白发，70多岁，一边走路，和周围人说着什么，一边微微甩着手。

走着走着，他开始甩起了膀子，就像小时候调皮的孩子那样"不按套路出牌"，瞬间把我看笑了。

那是一种孩童一样干净纯真、灵动无限的天性。

现今，许多人在追逐名利的过程中丧失了这份纯真，变得麻木冷漠，看见花朵不觉得芬芳，看见星河不觉得灿烂，只道一切是寻常，忘记了最初的欣喜与烂漫，变得越来越复杂。

而真正有灵性的人，那些怀揣赤子之心的人，他们的内心依然保持着对世界的好奇与探索欲，用积极热情的态度看待生活，不被物质束缚，享受独处的宁静时光。

你会发现，有灵性的人多喜欢独处，因为这可以让他们拥有充足的时间和空间来倾听内心的声音，拓展精神领域，向内走得更远。

在独处的宁静中，他们对这个世界打开自己，享受与自己的对话与照见，也享受灵魂的觉醒与满足。

在独处的宁静中，他们感受蕴藏在心底的无限能量，也学习在这个世界"自由进出"——就像一个并无挂碍的管道，让更高维的能量经由他来到这个世界。

例如，写出这样句子的诗人：

不要太快交出你的孤寂，让它伤你更深一些，让它在你心里发酵、调味，只有很少数的人，甚至是神，才能做出这样的调味料。

今晚我心里有个空缺，湿润了我的眼眶，我的声音，如此温柔，我对爱的渴望，是绝对的，清晰。

做你自己就好

莫言说，不要同情任何人，即使是最亲近的人。因为同情谁，你的潜意识就会自动背负他的命运。不要背负任何人的命运，先肩负自己的使命。

用生命影响生命，不是试图去改变对方，而是当我们做好自己、活出自己时，我们周围的场域也会因此而改变，包括处在周围场域中的人。

这样的改变，是被你吸引，自动发生的，无须任何说服。

有些人很懂得做自己、爱自己，并且在这个过程中找到了自己的人生方向和定位，拥有了"开挂"般的人生，或者爱情，或者事业，或者生活，总之，一个很会爱自己的人自我价值感都很强。

不懂得做自己的人，心里总是围着别人团团转，今天流行这个，明天流行那个；今天去说服这个，明天去讨好那个……结果把自己忙得团团转，生活却是一地鸡毛。

做你自己就好，其他角色已经有人去做了。

你把自己做好了，你的世界就好了。

不在乎的勇气

梅丽尔·斯特里普说：对某些事情我不再有耐性。不是因为我变得骄傲，只是我的生命已到了一个阶段，我不想再浪费时间在一些让我感到不愉快或伤害我的事情上。我不愿去取悦不喜欢我的人，或去爱不爱我的人，或对那些不想对我微笑的人去微笑。最重要的是，我没有耐心去对待那些不值得我有耐心的人。

一个人真正意义上的成长，是不再需要外界的认同感，有坚定的自我和不在乎的勇气。提有马灯的人，不惧怕黑夜。渐渐你就会发现，别人怎么想一点都不重要，你不用和每个人都保持良好关系，你甚至不用关心别人的生活，也希望自己不被打扰。

然后你就会知道，过去你苦苦追求的认同感，是给你自己心灵上的枷锁。

当你不再从自身之外寻求肯定，你才能成为自己真正的主人。

3. 臣服的喜悦

内在的花开

这个世界是空性的，一切你之所见，都是。

因你而起，为你而来。

你的频率，决定了你的境界；你，决定了你的世界。

当你开始爱自己，你就是在以爱的频率，与世界碰撞和共振。

这时候，你会发现，所到之处，都是爱；所见之处，都有光。所以，有意识地把你关注的能量，收摄到自己身上。

好好照顾自己的内心，让你的心田，开出花来，唱起歌来。

当你这样爱自己时，你会发现，整个世界都爱你。

对生命说是

虽然我们爱花朵,但花朵还是会谢。

虽然我们不爱野草,但野草还是会长。

即使无数次扭过头去,不愿面对,眼前的离别或悲伤,依然会发生。

即使一次次祈求上苍,心有所愿,也许期待中的发生,并没有到来。

宇宙的空性就在于,你爱或不爱,它都在那里。既不因你喜欢多一分,也不因你不爱少一点。

这时,我们所要做的,只是臣服,对生命说是。臣服于更大的系统,臣服于宇宙的安排,臣服于眼前一切的发生,带着全然的信任与交托,从而进入顺流的节奏之中。

因为,系统自有序位。

德国著名哲学家、教育家、心理学家海灵格先生在他的小诗《我允许》中这样写到:

"我允许任何事情的发生。我允许,事情是如此的开始,如此的发展,如此的结局。因为我知道,所有的事情,都是因缘和合而来,一切的发生,都是必然。若我觉得应该是另外一种可能,伤害的,只是自己。我唯一能做的,就是允许。

我允许别人如他所是。我允许,他会有这样的所思所想,如此的评判我,如此的对待我。因为我知道,他本来就是这个样子。在他那里,他是对的。若我觉得他应该是另外一种样子,伤害的,只是自己。我唯一能做的,就是允许。

我允许我有了这样的念头。我允许,每一个念头的出现,任它存在,任它消失。因为我知道,念头本身本无意义,与我无关,它该来会来,该走会走。若我觉得不应该出现这样的念头,伤害的,只是自己。我唯一能做的,就是允许。

我允许我升起了这样的情绪。我允许,每一种情绪的发生,任其发展,任其穿过。因为我知道,情绪只是身体上的觉受,本无好坏。越是抗拒,越是强烈。若我觉得不应该出现这样的情绪,伤害的,只是自己。我唯一能做的,就是允许。

我允许我就是这个样子,我允许,我就是这样的表现,我表现如何,就任我表现如何。因为我知道,外在是什么样子,只是自我的积淀而已。真正的我,智慧具足。若我觉得应该是另外一个样子,伤害的,只是自己。我唯一能做的,就是允许。

我知道,我是为了生命在当下的体验而来。在每一个当下时刻,我唯一要做的,就是全然地允许,全然地经历,全然地享受。看,只是看。允许,一切如其所是。"

诚然,当我们看着生命的火堆在绽放火光,看着它静静地升腾,逐渐地寂灭;当我们看着自己的悲喜涌动,看着眼前的发生,看着它空性地流淌,只是看见和允许——这时的我们,就是全然地活在当下、活在更大的系统中,活在中正、平和与光明的振频里,成为宇宙的一部分,而没有任何想去改变别人的念头。

此时,你才有可能与真相相遇。

看见，是一种非常深的疗愈

看见，是一种非常深的疗愈。一个生命如果被看见，他的自性之光就开始被照亮。

只是看见与被看见，不需要任何回应，哪怕是四目相对。

记得在一个工作坊，当我被第一次认识的老师点到名上前，与他近距离四目相对，不到1分钟，我的眼泪就夺眶而出，泪如雨下，不知所起，莫名所以。

心理学家说：每个人毕生追求的都是被看见。被看见的范围越大、越正式，那么他受到的刺激也就越大。

"看见"指的是看见自己。在老师的工作坊，我在他眼里看见的，是我自己的投射——不是他看见了我，而是我看见了"我自己"。

事实是，我们常常期待被他人看见，却常常处于不被人看见的困境；我们期待被他人看见，却常常看不见他人。

心理学家们为此发展出很多的疗愈方法，如故事疗法、曼陀罗疗法、绘画疗法、沙盘疗法等，都是为了助力来访者看见自己。事实上，每个生命都有一股原生的、顽强的生命力量，每个人都有强大的自我修复功能，每个人都有自我疗愈的能力。当来访者能够看见自己的问题时，其问题就已经解决了一半。

心理学上讲，一个情绪不稳定的人，通常内心有很多的委屈和创伤。这些委屈和创伤不是来自当下，而往往与其过去的成长经历尤其是童年经历有关。

当面临一个超出应对能力的刺激,再加上无人回应的绝境时,就会对一个人构成心理创伤。武志红老师说,无回应之地,即是绝境。不难想象,真正可怕的不是当时具体发生了什么事实,而是事实发生时,产生的无人倾诉、无人陪伴、孤独无助、无人看见的那种崩溃的感受,它将在一个人的心头久久盘旋。

心理学上还有一个重要的概念:看见即疗愈。这些没有被看见的情绪和创伤能量,共同组成了块垒,横亘在生命中、身体中,成为一种阻滞与障碍——直到它们被看见、被消解。

当心的需要被看见,心中的野兽倏然安静下来,就如同在热闹的喧嚣之中忽然看见一只寂静的小鸟在风中自由地飞过,"嗨,我终于看见你了……"

为什么会有痛苦

大部分人痛苦的根源,是被事物的表象所迷惑,看不到事物的本质。

看到解释,看不到真相;看到情绪,看不到事实;看到痛苦,看不到爱;看着别人,看不见自己。

每个人内在都有与生俱来的高我智慧。每个人都从宇宙的深处而来,带着亿万年进化的痕迹和宇宙的印记。这只是一次重返家园的旅程。借助一个合适的管道，让灵魂得以落地生根发芽，得以借躯壳体验人生，并呈现宇宙的礼物与心意。吾心即宇宙。

这个内在的高我智慧，就像掩盖在松针腐叶和杂草之下的珍稀松茸，需要敏锐的观察力才能认出它。那些松针腐叶和杂草，就是后天的认知、经历的事情、解读的方式、情感的体验。

当你的认知不够时，功课就来了——固化的认知会试图将一切责任归咎于外在——都是别人的错，都是教育环境的问题，都是受集体意识的绑架，都是……于是，大部分人选择了麻木的生活，选择了将就的人生，自然活得没有生命力，活得没有质量，活得没有朝气，并将在这样的认知中，没有觉知地度过一生。

只有耐心地扒开杂草，深入自己的内在，回到源头联结那个更大的智慧，你才能抓住这次生命觉醒的机会。

通过自我觉察，向内联结，升起智慧，深度共振——这时你拓展了认知，与你的内在智慧相匹配时，再去看任何事情，你就一眼能够洞悉事物背后的本质，你会发现那个圆满自性自然彰显。

不是脑，而是心

不是用大脑，不是用逻辑，不是用判断，而是用我们内在本然的一颗心，与这个世界拥抱和碰撞。

万法归心，不二法门。我们的心，是我们与生俱来的宝藏，是上天给我们的一份厚礼，是我们此生自带的"金饭碗"。

用感觉，用直觉，用热情，用热爱——所有的答案，都在你心里。

埃克哈特·托利在《当下的力量》中写到，地球是一个生物体。那我们整个民族也是一个生物体，我们彼此之间并非没有任何联系的独立个体，而是切切实实有密切沟通的共同体，并且这种沟通时时刻刻都在进行，只是我们的大脑意识不到而已。

用心生活。这样的全然碰撞意味着我们一直在与这个世界建立真诚的互动，这种发自内心的真诚联结，也就意味着我们与世界深深地连为一体。

身体知道答案

也不全是心灵和头脑的，有时候只需听从你身体的指令。

因为身体更为根本，身体知道答案。

一个只懂得听从头脑指令的人，身体将逐渐干枯，情感变得简单而僵硬，难以感染别人，也很难被别人感染。

心理学认为人的心灵过程分为身体过程、情绪过程和思维过程。身体过程就是身体对事物的直接感知，开放的还是收缩的；情绪过程可以理解为"我"这个存在，对感知到的事物的接受或抵触，积极的还是消极的；思维过程则是头脑思考的过程。

身体过程和情绪过程比思维过程更为根本。感受和体验是本体——有就是有，没有就是没有；喜欢就是喜欢，拒绝就是拒绝。而思维是镜像，是身体过程和情绪过程的一个投影。

> 没有身体的佐证，一个道理对你而言就可以说是一个谎言。
> ——斯蒂芬·吉利根

所以，回到身体本身，去开发你的身体智慧，多去关注你的身体在告诉你什么信息。

一流的智慧

你的目标愿景越大，困难和问题就越多。你去冒更多的险，恐惧、不安、害怕和焦虑就会越多。你有接纳这些负面情绪的能力吗？你能够把遇到的问题转化为资源吗？

随着生命的发展，你一定会面对很多的挑战。你抱持生命中伤痛的能力，决定着你的状态是怎样的。对于一名心理咨询师来说，你的状态决定着你面前的来访者，是否愿意向你敞开心扉。

在心理学上，同时接纳自己的相反面属于自我整合的范畴。同时持有全然相反的两种观念，还能正常行事，是一流智慧的标志——斯科特·菲茨杰拉德如是说。

我们都不是完美的，但这并不碍事。带着不完美的自己前行，同时抱持一个事情的相反面，是大智慧。

当下的力量

大器晚成也好，到不了山顶也好，但人一定要快乐和真诚。没什么大不了的，这世界总会允许普通人存在。

生活就是这样，特别用力有时候反而容易疲惫，效果还不一定好。当你所有的念头均来自内心的自然而然时，在张弛有度的不经意间，好运说不定会不期而至。

从心理学的角度来讲，一个人的内心戏特别多，其实是脑子里面的戏多，多半是与自己的身体和心灵失去了联结，所以没有办法活在当下。典型特征就是想得多，做得少。等到真正行动时，会发现自己全身无力，产生内耗。

活在头脑中的人，往往习惯用自己的感知、自己的思维逻辑去理解这个世界。如果你也是这样，头脑里的戏特别多，建议你多尝试、多探索，与自己的身体保持联结。

比如，让你的身体动起来，舞蹈、运动都可以，接触即兴也可以，让自己的身体动起来，并去感知身体的律动。

你的身体是灵魂的庙宇。它承载了太多的情绪、情感和记忆。

喝茶的时候，一口一口地抿；说话的时候，一字一字地说；洗碗的时候，一只一只地洗。有人说，四肢发达，头脑简单——其实这一点很多人难以做到。最简单的一个例子，当你自己开始跑步，你头脑中的想法会立刻减少。这其实就是在训练你临在当下的能力。

一个能活在当下的人，是一个能摆脱小我控制的人。

过去和未来都不可得，只有当下才是我们关注的焦点。当我们的注意力从那些小我中抽离出来，回到当下，内心戏越来越少，只是回应当下，我们的力量就会越来越强。

4. 一切关系皆是我

放下期待，立地臣服

很多时候，你感觉很"受伤"，这是因为有"期待"。

你对我有期待，我对你有期待。

我们把期待投射在对方身上，我以为你会……你以为我懂……

但是，那并没有发生。

破框只需一句话：放下期待。

允许你以你的方式，允许我以我的方式。我们互不期待，也互不背负期待。

于是，自由产生了。

空间扩大了。

爱，升起了。

别人只是镜子，你才是镜中人

你有没有看不惯的某人？

比如身边的队友，隔壁老张，或者还有那个某某和某某。

每当想起他，你常常有一些情绪随之而来。

一个人爱评判周围的人、事、物，那他大概率早已评判了自己无数次；一个人爱欣赏周围的人、事、物，那他大概率十分欣赏和接纳自己。

所以，一个人眼中的别人并不是别人，恰恰是一览无余的他自己。

而当你的修为越来越高时，你就会开始理解周围的每一个人。

没有好坏，没有对错。

只是处在不同的能量频率当中，显现出不同的状态，做出不同的选择，有了不同的语言和行为。

允许别人，也允许你自己。

每个人都有他的认知和福报，每个人都有他的成长时间点，你也不例外。

明白了这一点，你就会生出真正的爱和慈悲，就会允许、接纳，就会包容、善待。

因你美好而爱你

如果你觉得自己没有价值，那么你的爱就没有价值。

任何人都不会因为你爱他而爱你。

也不会因为你为他多付出而爱你。

他只会因为你的美好、因为你有价值而爱你。

你接受的是我吗

有位读者向我咨询，想和我学习心理学的体系课程。她说："我接受你给的信息，就像接受你一样。"

我说："不，你不用接受我，你要接受的是智慧本身，你要接受的是你自己的因果和福德。

我只是知识的管道，它们经由我的传播触达到你，如此而已。

所以你接不接受我，这和你我，都没有关系。"

喜欢你的人

喜欢你的人，往往是从你身上看到了他所喜欢的自己。

也可能，是看到了他所投射的对某个人的喜欢。

总之，他喜欢的，不一定真的是你。

讨厌你的人，是从你身上看到了他所讨厌的自己。

或者是，他所投射的对某个人的讨厌。

总之，他讨厌的，也不一定真的是你。

所以，根本不用那么在乎别人给你的眼光。

那是空性，它并不重要。

他喜不喜欢你,那是他的事。

重要的是,你喜欢你自己。

你必须有很大的福德,才能遇到那个唤醒你的人

一个人能够认出自己的天命,是巨大的幸运和福德。这种福德,会引导我们遇到那个能够唤醒我们认出内在本质的上师。

每个人都有机会遇到唤醒自己的人。可能是一位明星,可能是一位导师,可能是一位朋友,可能是你的伴侣,甚至是一本书……

觉醒意味着我们意识到生命的价值、此生的使命与意义。这个旅程不是爬缓坡,而是蜕变,是跃迁,是勇敢的心。

只有勇敢面对内心恐惧和迷茫的人,才能踏上真正觉醒的真挚旅程,这需要决心和勇气。

只有拥有了开放的心态和渴望成长的动力,具备了一颗虔诚的心和向善的品性,我们才能拥有真正的福德,才能真正感受到唤醒之人的存在和召唤,才有机缘靠近他。

一旦觉醒,我们就会开始关注内心的世界,并寻求超越物质欲望的精神满足。

当你开始爱自己,整个世界都爱你

生命中的不美好大部分来自不够爱自己。

觉得自己不够漂亮，觉得自己不够富有，觉得自己不够成功，觉得自己不够有人爱。

如果一个人不爱自己，那么无论他多么漂亮、多么富有、多么成功都没有用。他还是想证明给别人看，还是想把别人比下去，还是想听到别人的赞扬，还是忽视自己身体的感受，只做赚钱的机器或情感的荒原，对生活麻木不仁、视而不见。

爱自己的人有着向光的特质：

我看见我自己，我悦纳我自己，我笃定我自己，我全然地爱着自己，我对自己负责，我掌控并创造着生活。

我如此美好，我值得一切。

爱自己，会让你拥有真正的安全感，拥有十足的自信和底气，不依赖他人的评价，不祈求别人的认可，不管爱情在不在，不管颜值高不高，不管财富多不多……好与坏，都能坦然面对，并且接受事实。

如果一生都不了解自己，那么这一生就白白浪费了。

当你开始爱自己，你的磁场能吸引全世界来爱你。

无我，利他

我们常常听到有人说"无我利他"，是让我们完全舍弃自己、只考虑别人吗？

"无我"并不是完全不考虑自己，而是把"我"放进一个更大的系统里，就像一滴水消融于一片大海——没有分别，你中有我，我中有你；你就是我，我就是你——你还分得清哪一滴是你吗？

"无我"仅是放下"我执"，放下分别，回归到一种天真与无知，通透与空杯状态，允许更大的"我"来运作，而不是由小我来主导。

当你融入那片丰茂之海，那是生命真正的奇迹——你将与更广袤的生命协同共创，在灵魂意识的引导下，尽情欣赏宇宙自然的创造之妙，逐渐觉知更高更远的意识之境。

情执、物执、我执

"情执"是因为早年母婴关系缺失亲密联结，所以长大后变成"恋爱脑"，在情爱里折腾，停不下来。

"物执"是因为童年不被尊重，经常被比较，受嘲讽，成年后唯有赚钱消费证明自己，用物质折腾，停不下来。

"我执"是因为从小到大都没有被看见、被关注，活在自己的主观世界中没有走出来过，所以经常纠结自己如何被外界看待，长期内耗，自己折腾自己，停不下来。

爱、尊重和关注没有得到满足的人，童年缺失将变成一辈子的剧本，在低阶需求里重复打转。需要早日走出剧本，脱离"我执"，看清生命的真相，进入高阶的追求。

生命最初的经验之一就是被看见，人是通过被他人看见，而后学会看见自己的。被看见总是出现于看见自我之前。被他人看见的经验，经过发展便内化为自己看见自己的能力，内化的外在自己成为自己的抱持者。

当一个人有了一定的自我容纳和抱持能力之后，才能静待事情的发生，做自己的主人，而不是让情绪和外在因素做主。

> " 要明了世界，先明了自己。
>
> ——星云大师 "

要明了世界，先明了自己

一个人与他人的关系，首先隔着与自己的关系。

一个人常常不自觉地，将自己内心的感受、欲望、观念、想法、情绪等因素投射到他人身上，认为别人拥有同样的特征，这种心理现象被称为"投射效应"。

比如，"我觉得他应该对我多一些爱和看见"。真正的意思很可能是，我应该对我自己多一些爱和看见。

你看到的外部世界，其实是你内心世界的一种投射。投射可以对外界起到一定的防御作用，使得个体暂时逃避内心的问题和冲突。这样一来，个体看到的似乎都是"对方的问题"，相当于自己拿到了"免责牌"。

而当你看穿了投射的把戏，就会秒懂，你和他人的关系就好似一面镜子，透过它，可以帮助你更好地认识真正的自己。

见天地，见众生，见自己

心学大师王阳明说：本自具足。人人都有自性之光，人人都有佛性打底。人人都可以活得轻松、喜悦、富足、自在。

每个人都是自己最好的上师，每个人也都是自己最好的贵人——就看你有没有活出这个特质。

上师者，渡而不背，尊而不拜。他们是心灵成长旅程中的摆渡人，都是来渡你一程的，帮你看到你也有光、你就是光，看到你的本自具足。

因此，觉醒之路，是超越之路、深渊之旅。这是一趟富有挑战性，也充满人性光辉的修行旅程，它是一个人走向终极问题的必经之路——见天地，见众生，见自己。

见天地。是世面，是眼界。先观世界，然后形成"世界观"。人，生来与天地万物同宗同源，所以第一步是去认识自己的来处。有一点儿认门回家的意思。

见众生。认识了外面的天地之后，有了一定的眼界；接着，一种建立在眼界基础上的"懂得"由此产生。此时已见到了人间百态千相，因为懂得，所以慈悲。对于众生之苦、自己之苦，有了更好的理解与和解。这个阶段，生命与生命之间建立起共鸣和联结。

在一粒沙里，看见整个世界。

在一朵花里，看见普罗众生。

见自己。到了一定的时候，会真正地遇见自己，明澈清晰的，已与天地、众生融为一体的自己。

此时，又回到了生命出发的地方：当我们还是婴儿时，我们与万物一体，我所见的全部就是世界的全部，我就是世界，世界就是我。

此时见自己，有点像"看山是山，看山不是山，看山还是山"的第三重境界。我看山时，山中有我，我中有山；山就是我，我就是山。此时见自己，"我"消融了，出现在每一朵花的花瓣上，无数是我，我是无数。

前面的"见"，都是为了后面能见到自己而准备的。

一旦见到了自己，然后，"见一切鬼"便不成问题了。

这个时候，你的心灵丰富已经远远超越了个人的范畴，纳入了宇宙的视角。

5. 山水有相逢

有质感的生活

在我们的身体之外，在我们的灵魂四周，那些看得见的看不见的承载，构成了我们的品质。

那些有品质感的物件，会给人以滋养，让人静心。比如，手写的信，泥封了10年的酒，刚刚出窑的陶……

人与人之间的相遇也是。那些拥有美好灵魂的人，会给人以希望、给人以力量，让人觉得人间值得——他们的笑容和提问，能让人的灵魂得到升华。

你的生命不需要很多的华服与装饰，就像一个人并不需要多余的身份展示；你也不需要用他人的陪伴来填满你内心寂静的角落——你需要的，是一些真正有品位的东西，是真正有质感的生活。

质感是事物自己内在生命力的自然表达，如石头、树木、真丝、心流的舞蹈、悄然蹦出的诗句、一个真正临在的朋友……它与宇宙息息相通，它是浑然天成、自然而然、独一无二表达，是饱含对话且我们可以对话的存在。

质感是贫乏生活里的小确幸。这些质感的存在，是你从宇宙自然里截取的一种能量，它是你有呼吸的陪伴。

不是一定要美，而是要有意思

人不一定要美，但要有意思——做人做事要有意思。

美不是一切，它不是满，它得有留白，它得有虚无，它得浪费人生。

美要加上滋味，加上开心，加上别的东西，才是人生真正的美。

美，其实是真正的奢侈。

多余的行李

你向往哪里，就朝那个方向努力；你期待什么，就尽全力去追。

去经历、去碰撞、去体验、去创造！

火花四溅是一种，沉到时空的水底遁入安详也是一种。

生命的意义，就在真切的追寻里。

西西弗斯在每一步的跋涉中,找到了意义。

只管去,到更深更远的地方。

爱与哀愁,就像多余的行李,被轻轻地放在此岸。

你义无反顾,将背影留给世界。

学习成为风,在时间之外,有更远的远方。

心流时刻

事情依然很多,一样一样干;情绪依然很多,一样一样来。

就像天上的云,我们只需静静地看着它的发生。

它也许会变化形状,一会儿是树叶,一会儿是苍狗;一会儿是担心,一会儿是欣喜。

某一刻,你也会走神,但我们并不会24小时都陷在情绪当中。

某一刻,等我们回过神,云已经走远了。

屏幕上,只剩下完整透明的天空。

那就是你,那就是我,那就是空。

静默就好

每个人都需要一个心灵退隐的空间。我们在那里静默,我们在那里祈祷,我们在那里体验。在热闹的人群中,清楚地听见寂静;在忽然的静止中,分明看见了真相。静默,让我们有机会进入更深的内在。就像体验到核桃中的油脂，而不是核桃壳发出的晃晃荡荡的声音。让我们保持安静，跟随内心的指引。神秘的命运知晓每一粒微尘的一生，也包括你我。嘘——别出声，静默就好。

在红尘中修行

太热闹的人，大概率没时间深刻；太自我的人，大概率看不见自己。人们互相竭力倾诉的时候，正是他们竭力隐瞒的时候；人们愿意袒露脆弱的时候，正是他们彼此爱上的开始。别人怎样对我，是我的因果；我怎样对别人，是我的修行。见过天地，见过众生，才见到真正的自己。修行不一定在深山，最好的道场就在红尘。

进入一个更大的我

才华与运气可以为一个人的人生推波助澜，但格局与个性才是命运的中流砥柱。

人生来便具备闪耀的天赋。困顿、破碎、心伤的经历，也许会让我们难以呈现出最好的自己，但我们永远不会失去那份闪耀的天赋。这是一股纯洁的源泉。

终极幸福的获得，在极大程度上，是因为消除了对自我的过分关注。从那个小我，进入一个更大的我，从而达到无我，与更大的格局紧密相连，甚至成为它本身。

要有即兴接受生活倾囊相授的福气，面对生活的河流，我们可以尝试纵身一跃，不带船桨，放下控制，信任生命的流水将会把我们带往任何的远方，允许自己被一个强有力得多的力量指导，那个强有力的力量就是生活本身。

因为我们彼此深深相连。

此外，要学会成为美好生活的合谋。成为爱本身，便是至高无上的创造。

你真的需要改变落日吗

"当我看到日落时，我不会说：把右边角落的橙色调柔和一点，把云彩的颜色加紫一点。"心理学先驱卡尔·罗杰斯这样描述他观察世界的方式。

他继续说道："只要我们允许人如其所是，人就和日落一样美妙。我不会去控制日落，我怀着敬畏的心情欣赏他人也有类似的看法。"

他说："最令人满意的体验之一，就是像欣赏日落一样欣赏一个人。成为我自己，并允许他人成为他们自己，让我感觉很快乐。"

这是个奇妙的悖论：当接受自己的本来面目时，我们就能改变了。当我们放下控制，用心去看事物原本的样子时，才会发现，原来一切都是恩典，一切都是祝福。

做一个歌颂者

伤口由哭泣治愈,也由歌颂治愈,我同意。哭泣和歌颂都能够让人,从痛苦和悲伤的情绪中恢复。这两种方法都很有效。哭泣得越多,歌颂得越多,效果就越好。我想我很适合,当一个歌颂者。懂你的狭路相逢,懂你的万水千山。那些热情的人,那些热烈的花,那些因为热爱的无悔付出,那些投入生活的火星四溅,都是我歌颂的理由。

被允许与被安慰的

只要依然被允许沐浴在冬日的暖阳,就是神的联结。不像夏日那般毒辣,不像春日那般躁动。只要你还可以沉浸在冬日的暖阳里,此刻便将拥有整个辽阔的高原。

一个旅人,睡着了,疲倦和披肩一起搭在椅子上,光柱子照进来,炉子上烧着茶。你完全被看见,被接纳,被安慰。你身体里的沙漠、江流、旷野,所有这一切都被瓦蓝瓦蓝的天空安慰,也被这冬日的暖阳安慰。

一个人,不能长久地凝视深渊,正如一个人,不能过多地凝视自己的痛苦,不然会陷入对痛苦的迷恋,甚至爱上痛苦中的自己。

因此,需要创造出一个空间,与自己的内心联结,与自己的身体联结,在无常、无我与归零的智慧里,深耕自己,只要你还可以被冬日的暖阳笼罩，你就依然被允许，被允许呼吸，被允许说话，喝茶、叹息……

整个宇宙的能量都在支持你活出自己

未来很长一段时间都是个性与灵性发展的时代。请信任你的直觉指引，越来越多的人会在一瞬间心灵觉醒，整个宇宙的能量都在支持你活出自己。

我们可以顺应这些能量做事，突破自己，加速个人的成长。其中最重要的永远是先活出自己的天赋使命与内在能量，安住在自己的内在权威与人生策略之下，才不会被大环境的能量制约，才能顺势而为。

在过去的400余年，人类社会的主轴是计划的交叉，注重合作和结盟，以家族和大企业为单位，同时以钻研细节的方式快速发展各种技术和技能。所以如你所见，过去几百年间，"组织学"大行其道，工业和科技大受其益，计划之下的发展让人叹为观止。

但近几年，全球局势及"黑天鹅"事件频出，人们对"乌卡时代"（VUCA）的不确定性感知越来越强烈。根据人类图理论，未来几个世纪，人类社会的主要发展趋势将是"沉睡的凤凰"，这一概念强调个体的觉醒与自我实现，追求个性化表达和灵性成长。社会结构将逐渐从传统的社会和家族集体主义向更加注重个人主义的方向发展。

你会注意到，越来越多的人离开依赖性的婚姻关系，大量年轻人选择特立独行，不愿活在他人和社会的期待里。越来越多的人选择做自己，真正的稳定感和安全感来自做真实的自己时的那份踏实和自在。

我于2023年果断离开职场，选择成为一名自由职业的心理咨询师和心灵导师，这在某种程度上只因为我跟随了内在灵性的指引。

在这个自媒体时代，众多博主脱颖而出。他们不再需要依托某个大公司，不再需要精心包装，只需展现自己最真实的样子，表达最真实的自己。

所以你看，整个宇宙的能量都在推动和支持我们活出自己的独特性，因为我们每个人原本就是独一无二的。你尽可以安心放下头脑的恐惧，信任你的直觉，放手去追你内心最渴望的梦，大胆尝试以往不敢去做的事。当你坚定、喜悦地展现出你的独特天赋和优势时，也能激励和影响更多人活出自己，共同创造一个充满爱与无限可能的新地球。

春天没有方向
春天只顾开花

慢有引力 | 一句话治愈

◇ 咨询室的故事：向外求的人，向内找到了答案[①]

君君是"慢有引力"公众号的读者粉丝。第一次联系，她加了我的微信后，直接说："我是被你的金钱关系咨询师课吸引来的。我是有金钱卡点的人，生活、工作、关系被自己消耗殆尽，资金也出现问题。我有在尝试各种突破，但好像越用力越无力。我想约一个你的咨询课。"

我明白，一个人在能量状态低的时候，尽量别折腾，重要的是俯下身来，静下心来，否则很容易有更大的损失、踩到更大的坑。此时低能耗才能蓄能爬坡。可让自己尝试、反思、学习、觉察、睡觉、躺平，尽量放松自己，总之不要急于翻盘，否则很容易踩坑。

"是的，"她说，"能量低的时候会产生很多拉扯，身边的事都不是自己想做的。越是缺什么，就越去抓什么，也越容易失去什么。"

她还说："我被你的金钱关系咨询师课吸引了，但我现在没钱报名，你那儿招人吗？"

轻创业的我，目前不打算招人。我怎样才能帮到她呢？我对她说："我有一个21天的早修冥想营，我就带着你做一轮吧，带你提升自己的能量；但是我有一个小条件，我每天会布置一个作业——写觉察日记。你只有完成了当天的作业，我才

[①] 本书每章最后的"咨询室的故事"中出现的名字均为化名。

第二天带你实修冥想。"

我没想到的是,她竟然做到了。

那时候,每天早上6点我都带着小伙伴一起上冥想早课。而总是在6点还没到的时候,我就能收到她微信上发来的觉察日记——她手写的日记。

整整21天,她每天都按照我布置的主题书写记录,我记得第一天就收到了她整整两页纸的觉察日记。

看着她认真书写的内容,我不禁为之动容。

就这样,我连续21天带着她,每天一个主题,觉察、向内看,帮助她看到自己对金钱的态度,看自己的心智模式,看自己所拥有的,看自己的过往……有时候凌晨2点她才交日记,后来我才知道她还有一份主业,还要带孩子,比较忙,我一直怀疑,她能坚持下来吗?

有一天的觉察日记,她是在公交车上写完的。通过书写的转念,她把那日做了一个正向转化,焦虑、担忧、恐惧都转化为感恩,这时候,她生活中与朋友合作上的一件比较拉扯的事,也意外地顺利解决了。

她很开心地给我发红包,对我说:"曼莉老师,我是一个有福报的人,以后我自己的福报再也不要由别人来决定,我可以自己选择!"

生活中另一件困扰她的人际关系课题,也得到了一个良好的解决,不拉扯,也不内耗。她告诉我:"在您的陪伴下,我克服了自身的恐惧问题,这比钱还值钱!"

21天的陪伴结束后,我们都有一些说不明的感觉。人与人的相遇,确实靠缘分。我与她,相识于茫茫人海,其实连面也没见过。她伸出手,我愿意拉,于是就有了这样陪伴同行的一程路——你永远只能叫醒愿意主动改变的人,确实。

最后一天,我对她说,21天的早课结束了,21天的觉察日记也到此结束,以后就靠你自己了,加油!

她依依不舍地道着感谢,好像得到了许多,又好像什么都没有了,只剩下自己。

生活就是这样。彼此短暂结缘,再各自前行。

再后来,她默默努力攒钱,终于攒够了3000多元学费,报了金钱关系咨询师课程,开始跟着我学习心理学。

看着她一路不断自我觉察,快速提升——她勇敢地开启了直播,勇敢地做起了读书分享会,勇敢地拉起了社群,她甚至勇敢地辞去了原来的主业工作,全身心地投入心理学这个领域,她绽放的光芒挡也挡不住!

终于,向外寻找的人,通过向内探索找到了答案,她的人生也因此拥有了全新的可能性。

力量 Chapter 02

如果你愿意，
生命的每一刻都可以是金色的

你的潜意识操控着你的人生,你却称之为命运。

——卡尔·荣格

1. 相信的力量

自证预言

高手过招,真正靠的是信念。

觉得自己很棒的信念,觉得自己值得的信念,觉得自己已经拥有的信念,以及允许和接纳自己的脆弱的信念。

所谓命运,就是你的自证预言。

心想事成的秘密

心想事成的一个秘诀是,先懂得向宇宙借力。

比个体的勤奋努力更有力量的,是选择臣服和信任一个更大的系统,从自己的维度跳到宇宙的维度,去借力。

同频才会共振。

别忘了，我们都是宇宙的孩子。当你持有"我只属于我"的信念，那么你所能调动的能量就只是你的那一份力量；当你持有"我是宇宙的一部分，我与宇宙一体"的信念，那么你就能调动全宇宙的力量来支持你！

愿力第一

当我们想做成一件事，是目标重要，是资源重要，是能力重要，还是情商重要？

都不是。愿力最重要。

愿力不是在神灵面前许愿"你给我们多少钱，我就回来还愿"。发愿是拿自己的整个生命与众生交换的过程。当你真正全心全意、准备好交出自己利他时，你会拥有超乎想象的能量。

因此，我们的每一次许愿，都是一种祈祷或深深的祝福，作为一种净化心灵的方式，它是我们与宇宙更广阔空间的一种沟通途径。

当我们心中充满善意时，世界上便会多一分和平喜悦；当我们心中充满爱时，自己的人生也会多一分幸运。在起心动念的每个当下，将内心的祝福传递出去，这种发自内心的、纯粹的祝福能量是非常强大和真实的。

你看西天取经的团队，悟空成功靠的是能力和人脉，八戒成功靠的是选对团队，沙僧成功靠的是听话照做，最终，是意志坚定、愿力深远、信念大于天的唐僧取得了真经，做成了大事。

愿力就是你想做成这件事的渴望，就是你内心的指引。

愿力就是，你睡也想，醒也想，持续强烈的心心念念。

愿力大于业力，业力大于能力。

如果你相信，你就会成为

如果你相信，你就会成为；如果你不相信，你就会证明你是对的。

如果你信谁，你就能得到他的加持；如果你疑谁，那就恰恰相反。

每一天，你都在寻找什么呢？

如果你在寻找快乐，你就能找到快乐；如果你在寻找梦想，你终将实现梦想；如果你在寻找自由，你就能找到自由；如果你在寻找自我，你终将找到自我。

生命，就是一场自证的实验。

你不相信的东西，不会来到你的生活。

你若有一心想去的地方，全世界都会来帮你

你的渴望是什么？你的渴望，是基于恐惧，还是基于热爱？

如果你的渴望是基于你的热爱，那么，你所渴望的东西，一定会被你吸引而来。

> 只有自己内心渴望的事情，才能将它呼唤到可能实现的射程之内。首先要明白"心不想，事不成"。
>
> ——稻盛和夫

当你非常想要达成某个目标时，就会产生强烈的愿望，这个愿望会一直萦绕在你心中，变成一种信念，并且不断地向宇宙发出邀请，这样的愿力意味着我们的思维意识向宇宙发出了高能量的信号，这种高能量信号能够吸引同频的能量并产生共振，如吸引到了同频的人、吸引到了相关的资源、吸引到了更多的能量支持，从而帮你实现愿望。

当你相信自己该过什么样的生活时，那种生活就会被你吸引过来。相信，原本就是一种能量。高度的相信，产生高度的能量。当你特别想做某件事，或者实现某个愿望时，这份信念就会变成内在的强大驱动力，促使你做出行动，指引你朝着这个目标一直做下去，直到成功。

当你的愿望足够强烈，全世界都会来帮你实现。

一切都会好的

是的，一切都会好的。

这句话，你狠狠地相信着，就够了。

母亲常说一句话：天生人，必养人。这句话的意思是，每个人来到这个世界，都自带"饭碗"。也因为宇宙要经由每个人，来展现它自己。

我们只是管道。宇宙的安排从不出错。你只需深深地相信，就够了。所有的发生，所有的遇见，都是最好的安排。

当你信它，你就是在相信一个更大的系统；当你信它，你就是在相信宇宙，就是在相信一股更大的力量。

把这句话送给你自己，送给朋友，送给那些正处在困顿、破碎中的陌生人。

一切都会好的。

美好吸引美好

丰盛吸引丰盛，匮乏吸引匮乏，喜悦吸引喜悦，美好吸引美好。

你感觉自信，就为你吸引自信的能量；你感觉快乐，就为你吸引快乐的能量；你感觉健康，就为你吸引健康的能量；你感觉富足，就为你吸引富足的能量。

能量到了，生命就可以触达。

你怎样感觉当下,你就怎样拥有人生。

简单相信,是一种系统能力

很多时候,我们面对未知,顾虑太多,不敢相信,总想反复去验证。这背后所体现出来的,是你的世界观和系统观,是你对这个世界有没有足够的信任,是你对自己有没有足够的信任。

你所关注的,必然会加强。

简单相信,是一种能力。

相信善良的人永远比较多,相信阳光总能普照大地,相信你的内心直觉是有基本判断力的。心若向阳,生活必有阳光。

简单相信,这份笃定的背后就是一份力量。是你的自信,也是你的信他。

如果你相信你和整个世界是一体的,那么你将能调用整个世界的力量来支持自己;

如果你相信你只属于你自己,那么你将只能调用你自己的力量来支持自己。

选择臣服和信任,是从自己的维度跳到宇宙的维度,从个体的维度跳到系统的维度,然后面对生活的细枝末节,你就是在降维打击。

你怎样感觉这一刻,你就怎样感觉这一生

感觉是一切的开关,感觉对了,事情就顺了。

此刻,你感觉到平和;此刻,你感觉到喜悦;此刻,你感觉到敞开;此刻,你感觉到无限。

此刻,你感觉到微风吹拂;此刻,你感觉到水流花放;此刻,你感觉到万物一体;此刻,你感觉到自在欢畅。

此刻,你感觉到自己,如此地通透,如此地轻盈;此刻,你感觉到自己,如此地清晰,如此地临在。

这一刻,你的感觉,比什么都重要。

你怎样感觉这一刻,你就怎样感觉这一生。

你,就是你的人生造梦师。

做一个幸福的人

很多人想知道,如何度过成功圆满的一生?

如果你爱这个世界,你唯一的任务,就是成为一个幸福的人。

——麦克·格西

我心仪的一位作家,在她刚刚成年后的一个寻常日子里,

做了一件事——立志。她说,那时候"我立志要做一个幸福的人"。

后来,她的人生果然如愿,她过得很幸福。活在热爱中,著作等身,家庭幸福,生活舒泰,现世安稳。

可见,成为一个幸福的人,绝不只是"祝你幸福"那么简单,而是完全可以上升到更高的高度,是你对自己的一个承诺,一份责任,一个坚定的确信。

要坚定地对自己许下这样的承诺:此生,做一个幸福的人。

2. 爱的力量

爱满自溢，然后照亮世界

当这个世界，光明越来越多，辐射的范围越来越广时，宇宙所有的地方，都会慢慢被点亮。

在这样的光明里，我们与真正的自己对接。你的心中，会有一条河流，缓缓流淌，没有尽头；所经之处，万物生长。

你的心，会从此刻开始，变得安定，开始有了真正的归宿，就好像回到一个久别重逢的家，那么温暖，那么踏实，那么喜悦。这份从内心自然生发的美好，会让你感动到流泪。

这个时候，你活成了一个真正有爱有光的人。你的爱，不再是从头脑发出的说服自己要去帮助别人，而是真正地从内心生发一份天然的善意，是无条件、不求回报的，是爱满则溢，是自然而然，是河流般自然涌动的。

当你收回控制，他就更有力量

一个人改变不了另一个人。当你对孩子失望、对队友恼火、对生活无能为力和挫败时，请默念这句话：

当你收回控制别人的力量时，别人就会更有力量！

你休想改变他。我们不能改变另一个人，但能影响他。因为，两人即系统，系统即场域。在场域中，你变了，对方的能量场也就跟着改变。

当你寄希望于改变对方，意味着你是在对抗整个系统——这是神才能够办到的事。至此，你希望得到的结果，注定不会实现。

事实上，人际关系的一个秘诀是，谁先改变谁就掌握主动权；谁先改变谁就最先受益。如果你不允许对方以他自己的方式行事，那么你很可能也没有放过自己。所以，关键不是控制别人，而是先接纳自己。

最殊胜的爱

世界上最殊胜而深沉的爱，是有人带你脱离轮回的苦。

藏传佛教大师加措曾说："人生是只能出发一次的旅程，我们其实一直在路上。如果只能携带两件行李，我愿是无畏与无执；如果只能有一个牵挂，那一定是，众生。"

所以，不要去嘲笑一个有信仰的人，因为他双手合十的祈祷里有你。

场域是最大的疗愈

美国当代精神导师大卫·霍金斯认为世界上能量最高的人,是特蕾莎修女。他说,当特蕾莎修女走进场域时,在场所有人瞬间能感受到,心里充满了莫名的幸福感,心中想不起任何的杂念和怨恨,甚至流下感动的泪水。

为什么会这样呢?

这里面有多个因素:每个人都有一个能量场。当人们进入高能量者的场域后,就会被他的高频能量圈包围,也就有可能被疗愈。

如果我们不带觉知地生活,任由自己陷入低频率的能量旋涡中,结果可想而知。

我们需要觉察、觉知、觉醒。你选择处于什么样的能量场域,就等于选择了什么样的人生。

那些能量比你低的人,会怀疑你、否定你、评判你、嫉妒你、诋毁你;

那些能量与你同频的人,会喜欢你、肯定你、欣赏你、陪伴你、珍惜你;

那些能量比你高的人,会理解你、包容你、看见你、支持你、成就你。

所以你要向下扎根、向上破圈生长,多做高能量的事,靠近高能量的人,进入高能量的圈子。比如,你可以运动、早睡、早起、看电影、听音乐、唱歌、跳舞、写字、旅修、喝茶、闻香、插花、静坐、读书……

我值得一个充满爱的人生

我是世界上独一无二的存在。

从现在开始,我不再为别人,我不再为面子,我不再与他人的负面意识,相呼应、起共鸣,我开始学着爱自己,给自己鼓励,给自己撑腰,为自己鼓掌!

我不再讨好,我不再掩饰,我不再压抑,我忠于我的感觉,当我伤心的时候,我可以悲伤,当我生气的时候,我可以愤怒,当我有话要说的时候,我可以表达,当我受委屈的时候,我可以勇敢说不。

我按照内心信念做自己想做的事。

我接受自己真实的样子,接受不够完美的自己。我接受我的每一个感觉,我的感觉是存在的事实,任何人都没有权力否认存在。

我努力做到更好,但我不必事事要求完美,我不需要做出让别人喜欢的样子,我做我自己就好。

从现在开始,我学习做我自己的主人,美好、爱与善良与我同在,所以,我有无限能量,无限潜能,无限智慧。

每当我在内心祈福,邀请我内在的光明升起,这都令我觉得充满力量、勇气,它不断提醒我爱和宽恕,提醒我,所有人都在爱的祝福里,我值得一个充满爱的人生。

真正自爱的人是如何思考的

自爱,就是别人说你做错的时候,你不会盲从认错,不会过于生气,也不会觉得丢人,而是在听清别人的想法后,再认真思考一下他的意见是否有建设性。

自爱就是遇到别人故意嘲笑你的身高或者长相时,你不会认同,也不会自卑,而是发自内心地认为:我值得被喜欢,没有素养的是他们。

自爱就是当你考了 83 分而别人考了 95 分,你可能有些失落和嫉妒,但你不会因此讨厌自己,而是会学习别人的方法,并且相信:我经过努力也可以!

自爱就是相信自己是好孩子。哪怕父母吵架,哪怕被别人批评,也不会自我否定。

自爱就是被人夸奖时,你不会觉得自己配不上他人的夸奖,而是能感受到一种幸福,同时感谢对方的善意。

自爱,是即使外面的世界大雨倾盆,你也总会为自己撑起一把雨伞。

愿你有一个灿烂前程

某天临睡前,我习惯性地点开我的公众号,看看是否有留言待回复,于是我发现了这样一条留言:

"最近经历了一些痛苦,迷茫且焦虑,不知所措。感恩遇见一位很有能量的朋友给我指引方向，点悟我走向人生的正确方向。她教我要学会爱自己。我开始慢慢浏览她的朋友圈，从她的朋友圈里我了解到慢有引力的正念 18 句。这 18 句话对我的启发很大。我决定从此刻开始，记录我的正念手抄，希望自己在人生的路上会越来越好，找到自己的价值和内心真正的快乐，感恩遇见。"

读后，我挺感动。人与人之间的温度，就是在这样悄然传递。爱的能量如涟漪，在一圈一圈荡漾开来……

也许是你的一个随手转发，也许是你不经意的一句鼓励，也许是你发布的朋友圈图文，你可能永远不知道，会有谁经由你，入了心，走出了黑暗，看见了光……

我还看到，每个人都在如此认真努力地生活。是的，认真且努力。

我想说——嗨，我看见你了！亲爱的朋友，祝福你：愿你有一个好的心情，愿你有一个灿烂前程……

培养爱的心灵有多重要

闭上眼睛，将你的双手覆盖在心轮的位置；做几次深呼吸，放松身体上的任何紧张。放松，再放松……

呼气，去感受心中的压力在逐渐分散，如一朵云，渐渐消融于整个天空，并感受它正在离开你的身体。

去感受，胸口双手的温柔触摸和暖意，感受手中生出一种温暖、舒适、善意的光，慢慢照进你的心轮。那是一道白色的光，光明的、温暖的、舒适的、善意的白色光芒，把它带入你的心轮。

给自己这样的疗愈，允许这股温柔、治愈的能量从你流出，又流向你；允许这股温柔、治愈的能量从宇宙流出，又流向你——流经你的心窝，流经你的身体，为那些必要的地方，带来平静与愈合。

一个人真正长大，就是当曾经受伤的地方被激活，你能够把现在成熟的爱与丰盛的资源带给它。

现在，你来将成熟的爱，带给自己。

每一位觉醒的女性，都在成为世界的一道光

女性在这个世界上肩负着神圣的使命：一旦她们完成自我觉醒，就有可能疗愈与修复他人的内在伤痛，帮助他人完成内心的重建。

生命的意义，在于多少人的生命因你而更有意义。女性完全有能力为自我构筑一个更深邃、智性的内在世界，从而照亮更多迷茫中的人。因为女性的能量更接近大地母亲的自然能量。女性能量，作为坤性的象征，体现了大地之母的多面性。它既具有孕育、接纳、包容和慈悲等积极特质，也不可避免地伴随着一些负面的情感，如压抑、嫉妒和破坏。这种能量与自然界的流动相呼应，如同水流般柔和而有力，以柔克刚，自然

而不造作。越来越多的女性现身心理咨询、情绪疗愈领域，这正是女性能量与慈悲特质的体现，也是当下时代所急需的精神食粮。

三年疫情，整个世界被迫按下暂停键，对于很多人来说，终于可以"慢下来了"。

慢下来之后干什么呢？人们开始关注内在创伤，通过冥想、植物、水晶、旅行等方式自我疗愈。越来越多的人开始觉醒，或是走在通往觉醒的路上，他们开始感受到回归自然的治愈性，开始了平生第一次冥想、第一次静心，开始了第一次认真思考：我是谁？

要知道，在过去的一个时期，人们过度追求物资丰富，过度压榨地球资源造成浪费和污染，讲求逻辑与竞争，频繁的战争与天灾人祸，身体与心灵的分离……人们就像迷失方向的孩子，越来越茫然与迷失。在这种大环境下，很多女性不得不披上铠甲，走入职场，与男性的阳性力量相抗衡，成为事实上的"半边天"；女性活得越来越像男性，然而，它导致更多的人受伤：男性、女性、母亲、父亲、孩子……

每个人内在都有阳性能量与阴性能量，它们需要得到很好的平衡。不仅是女性自身需要平衡过剩的"男性能量"，男性也需要开发自己的"女性能量"，练习更接纳、更敞开、更流动、更走心……练习拥抱我们的阴暗面、脆弱面、身体和直觉。接下来，整个宇宙的能量都将推动和支持我们进入灵性更高的维度……越来越多生命开始向内探索、向内生长、自我突破。这个过程并不轻松，甚至需要"剥皮抽筋"，当然比蒙头睡觉掩耳盗铃来得痛苦，但是涅槃重生后的你会变得更强，个体的阴阳平衡重新成为可能。

有阅历、有慧根、有福德、有因缘的女性会率先觉醒。她们将活跃在社会的各个领域，展现出丰富的创造力和独立个性，她们将带着满满的热情和慈悲，成为行走在世界的光，为人们带来治愈的希望和积极的正面影响。人们将逐渐意识到，生命的丰富和美好，源自对内心声音的信任、对情感的尊重，而非仅仅依赖于理智的判断。通过彼此的连接而非孤立，我们能够更深刻地体会到与地球母亲的紧密联系而不是孤立封闭，从而最终放手臣服，信任自己与地球母亲的深度链接。

爱是世间最高频的能量，它能够治愈人们尘封的伤痛记忆，如暴力、欺骗、委屈、愤怒、压抑、控制、对抗、阴暗……在这个过程中，觉醒的女性会指引他人勇敢而真挚地踏上通往内在世界的旅程，她们以发自内心深处的自然而然和充满爱与慈悲的个人力量触动他人；她们"活出来"的过程，就自然启迪到他人；她们使更多人乐意敞开心扉，从而建立起人与人之间深刻的连接，最终启发人们领悟"万物一体"的大道。

毫不夸张地说，在即将到来的新时代，每一位觉醒的女性，都在成为世界的一道光；她们的爱与慈悲，是送给世界的一份绝佳礼物。

3. 面对的力量

不加油,也没关系的

如果你累了,那就在跌倒的地方,躺一下休息吧!

人生不加油,也没关系的。

这不是一场比赛,只是一趟旅程。

你越是放松享受,越能体会精彩。

按自己的节奏成长

逆境是最好的修行机会。

然而,逆境中的人大多没有力量,需要外力帮助。

疗愈和创造,只要有一个在路上,都是了不起的,都是值得肯定的。

按自己的节奏成长,不和他人比成绩,只和自己比进步。

深渊不可长久凝视

不要长久地凝视深渊。你越是关注它,它就越对你构成致命的吸引力。

同样地,人不能过多地凝视自己的痛苦,不然会陷入对痛苦的迷恋,甚至爱上痛苦中的自己。你会忍不住向别人诉苦。克制是对自我、对他人的觉察和边界。

至于倾诉的对象,其实你还有更好的选择:树洞、天空、大海……

跳出思维原有的框架,到一个更大的场域,上升到一个更高维度,原来的问题往往会迎刃而解。

精气神从哪里来

一个人的精气神,不仅有外在服饰容貌的加持,也有看不见的内核在起作用。

内核,包括一个人的元气、体能、营养、内心的秩序感和活力。

天亮了起床,天黑了睡下,到点吃饭,营养均衡精力充沛,把自己和周围环境上上下下、里里外外收拾得整洁有序;心里有炙热的追求,有快速行动的魄力;没有"等一等"的拖泥带水，没有"想当年"的黏黏连连；不过度沉迷在各种星座命理分析中来来回回，不停拓展自己的疆域，越走越稳，越闯越远，这是一种活在当下的力量。

保持精气神还有一个关键——提高自己的能量。当你自身能量越高，越容易感到被爱；自身的能量越高，越不会往外寻求。

人之所以活得累，一是因为太认真、太紧绷，二是因为太想要。有人问佛陀："你今生得到了什么？"佛陀说："我今生什么也没得到，我失去的只是我的无知。"

无常是常。没有什么比面对无常更让人宽心，没有什么比失去无知更让人欢喜。内心力量的增长就来自一次一次地穿越自己的课题，保持天真与勇气，去直面生命历程中的缺陷与坑洞，去经历无常是常的过程。

这样的人，无论在哪里，无论处于什么流年，无论有没有贵品加成，你都能感受他如如不动、通达自如的如来力量。

心态对了，什么都顺了

别人怎样对我，是我的因果；我怎样对别人，是我的修行。

拼尽全力的心态，坦然接纳的心态，不断更新的心态，选择臣服的心态，保持感恩的心态，爱自己的心态。

如此，才能在自己的世界里闪闪发光，在他人的世界里云淡风轻。

在饱满的精神世界里,闪闪发光

近年来,人们在追求物质生活的同时,也开始注重精神世界的丰盈。

人们都在寻找正能量的圈子、环境,从看不见的社群,到看得见的城市。越来越多的人领悟到,为生活做减法,才能为生命做加法。

经历过物质世界的撕裂与幻灭,经历过痛苦的冲击与世事无常的考验,越来越多的人发现,人生其实是一场归心之旅——你心里有,外在才有;你心静了,世界才安宁。外在所有物质世界,只不过是你内心世界的投射与显化,万法归心,全在于内。

外面没有答案。

我们越来越清楚自己最想要的是什么,最重要的是什么,于是我们开始干净利落地砍掉那些不必要的东西:物件、事务、关系。

凡有所相,皆有能量。果断断舍离一些能量的拉扯,更多地收摄于自己,让自己处在一个更简单、更纯粹的场域中,在饱满的精神世界里,闪闪发光。

人们开始寻找那些有趣的东西。人们开始靠近那些有趣的灵魂。人们开始寻求更为有趣的生活。我们所有人生来便具备闪耀而可爱的天赋。困顿、破碎、心伤的经历,也许会削弱我们的光辉,并让我们难以呈现出最好的自己;但在我们的内心深处，永远不会失去那份闪耀与可爱——这是一股纯洁的源泉。

生活的本质，是一个化繁为简、由重到轻的过程。当我们懂得向上生长的时候，我们才能享受真正的心灵自由。

黑暗也是你的蜡烛

好好打量自己，你会发现自己有很多的优点，去赞美它们吧。赞美你的真诚，赞美你的善良，赞美你的勤劳，赞美你的温柔，赞美你的美丽，赞美你的可信赖，赞美你的丰裕，赞美你的专注，赞美你的厨艺，赞美你的洁净，赞美你的真实……

同时，也要接受自己的不完美。无论是偶尔的嫉妒，还是某些技能的欠缺，无论是情绪的波动，还是偶尔的失误，这些都是你个性的一部分。无论是记忆力的减退，还是岁月在脸上留下的痕迹，这些都是你人生故事的一部分。

我们要学会欣赏自己的优点，同时也要接受自己的不足。正如光明与阴影共同构成了完整的画面，你的优点和不足共同构成了独一无二的你。

正向思考

我们每个人，都带着自己的独特天赋来到这个美丽世界。我们每个人，都领受过一份神圣使命要来表达给这世界。

我们每个人，都具备把自己的想法变为现实的潜在能力。

我们每个人，活出自己来就是献给这个世界的巨大礼物。

问题从来不是问题，如何看待才会成为问题。

练习正向思考的习惯，就是练习拥有一个正向的人生。

我喜欢一切天真的人、事和物

我发现，内心越强大的人越真实，越成熟的人越真诚。因为他有力量，不用刻意掩饰，他不关心别人怎么看，也不怕别人知道自己的缺点，大大方方展示自己，毫不扭捏。那么我们该如何做一个内心强大的人呢？

首先，接纳真实的自己。

我们需要明白一个道理——人人都不完美。接纳自己的不完美，其实就是面对真实的自己，承认自己的欲望，承认自己的局限性，承认自己的脆弱。

如果我们总是对自己的不完美耿耿于怀，我们就会变得敏感、自卑、多疑，甚至看不起自己。内心真正强大的人，也不是一直充满正能量，只是敢于做真实的自己，哪怕真实的自己会有恐惧、有挫败、有难过，但内心真正强大的人允许它流经。当一个人敢于做真实的自己，他的内心便不会过于纠结，更不会内耗，而是浑然一体，行云流水，自由自在，浑身散发着真实且生动的魅力。

其次，做一个真诚的人。

我是一个反应比较慢的人。很多人驾轻就熟的生活常识，我却常常露怯。我一直不敢开车，就是因为反应慢半拍。

你说，像我这样的老实人，在当今社会如何生存下去呢？说说我的秘诀吧，我发现，反正聪明不过隔壁老王，真诚就是最有效的"武器"。聪明就留给他人吧，我不需要动那个脑筋，只要真诚待人，老天自然许我一片安宁。无非有时吃点明面上的小"亏"而已。

甚至可以说，施比受更有福。因为能量是守恒的，有给出，就有流动；有给出，就有回流。给出良善，必然回流良善；给出祝福，必然回流祝福。吃亏是福，一点没错。

最后，学习拥抱生活的真相。

我们的很多痛苦，往往来源于无法面对事实真相。看清生活真相之后依然热爱生活，知世故而不世故，这种"真"是智慧。

很多人一辈子也不明白，事实和情绪是两回事。情绪本身没有问题，抗拒情绪才会成为"问题"。当遇到问题时，我们需要第一时间问自己，这是真的吗？这是事实吗？真相是什么？

面对事实，才能更好地解决问题。面对事实，既需要智慧，也需要勇气。因为有些事实，"扎心"。我遇到过因为他人的反馈与自己的设想不一样从而十分抗拒他人的人，对于生活，似乎只有一种视角，那就是"我觉得"，而不再有其他可能性。

而一个真正强大的人，会接纳各种可能性。

总之，一个人越真实就越强大，越真诚就越强大，越是能够直面真相就越强大。

所谓无常

生命万物，世事无常。比如，我们人生中遇到的灾难、病苦、死亡、不平等，这些都是命运，它不因为你做对了什么，就可以逃开，也不因为你做错了什么，就去惩罚你。

"天地不仁，以万物为刍狗。"这是世界的空性。明白了这一点，你就会淡然：一切相遇，要么来助我，要么来渡我；一切发生，为我而来，而非冲我而来。

此时此刻

深深地呼吸，去感觉，世界更大了，空间打开了，我更柔软了，更放松了。

此刻，我感觉到万物如此丰沛；此刻，我触摸到了星辰和大海；此刻，我拥有一切。

此刻，我欣赏并且专注于我所喜爱的事物；此刻，我感恩并且把我的祝福送给全世界；此刻，我相信我自己。

我爱我自己，我允许自己成为一个超棒的人，我喜爱并感恩此时此刻的一切。

4. 创造的力量

要勇敢，要浪漫

勇敢，才能去到未来的新大陆；浪漫，才能不错过当下的美好。勇敢是猛虎，浪漫是蔷薇。

勇敢是六便士，浪漫是白月光。

勇敢是抬起头的坚毅，浪漫是一低头的温柔。

刚柔并济，多面人生。

如果你愿意，生命中的每一刻都可以是金色的

如果你愿意，生命中的每一刻都可以是金色的。在当下的每一刻，你都是有选择的；你才是创造的主角，那是属于你自己的力量，而非取决于你对面的是谁，也不取决于他将带给

你什么。外界所有的呈现是一个事实,而你对事实的解释与理解,是你与事实之间存在的弹性空间;在这里,存在着金色的可能性——你可以选择正向的理解,也可以选择负向的解释。生活就是道场,每天都是修行。学会在每一个当下去转念、去主动选择,你的生活就可以,每一刻都是金色的。

吸引力

几乎每个女生都害怕变老吧?然而比变老更可怕的是,到了60岁,还没有活出自己本来的样子。

见的美人多了,我得承认:那些身上自带稳定感与秩序感的人最吸引我。

纷乱的世界似乎与她们无关,她们有稳定的日常、稳定的情绪、稳定的频率、稳定的节奏——她们有着相对强大而完整的、深邃而智性的内在世界。

既能上马提刀,又能下马念经。既出世,也入世。她们有内生的锚,与外在无关。

也许她相貌平平,也许她青春不再,也许她没有名牌加身,但是她的稳定感,自有一种特殊韵味和强大气场,这样的女性,自身能量高,极具生命张力,在人群中你总是会情不自禁地被她吸引。

第三种选择

遇到事情时不可避免会产生各种想法，但是否相信它们，你可以选择。

比如，我选择接招，或者不动；我选择这样做，或者那样做；我选择这样来理解，或者那样来解释；我选择以大声辩驳来回应，或者以沉默来应对；我选择认同你的方案，或者坚持自己的观点。

这一切，都是你的选择，都是经由你的手指，按下的"确认键"，和别人没有半点关系。

每一次选择，都是在加强自己的力量，都是在向宇宙宣告：这是我的选择。这是我的主动。这是我的力量。

觉醒的人

这世界上没有好人和坏人，只有觉醒的人和未觉醒的人。

觉醒的人，向内看；未觉醒的人，向外求。

觉醒的人，觉察、觉知、觉悟；未觉醒的人，批评、指责、抱怨。

觉醒的人，修正自己；未觉醒的人，修理别人。

觉醒的人，失去无知；未觉醒的人，继续无明。

当学生准备好了，老师就会出现

你愿意去利他助人，你愿意去成就他人，是好事。但是，你只需负责伸手，千万不要主动硬拉。

一个人没有权利强行改变另一个人，你只需向那些有强烈改变欲望、主动向你伸出手的人，提供帮助。

蝴蝶破茧之前，如果你好心地帮它剪破茧壳，它永远也不可能飞得起来。尊重每个生命个体自己的成长节奏，永远不要剥夺他在错误中成长的权利。对孩子、对伴侣、对朋友，都是这个道理。

不要活成别人的判断题，而要成为自己的选择题

讲一个小故事。几年前，已经40多岁的我，开始正畸。当时，我身边一位女性朋友表情复杂地看着我说："这个年龄还整牙啊？"

我笑了笑。她的眼神告诉我：这个年龄了你还折腾什么啊！

她怎么看我，那是她的事，是她的权利；重要的是，这是我自己的选择，我要。

于是今天我有了自信，我敢开口大笑了，照相再也不用捂着嘴了，可以大大方方面对镜头了。

不要活成别人的判断题，而要成为自己的选择题。

由你自己选择要，还是不要。

你说了算

你为自己的人生设下一个愿景，你想过什么样的人生，只要你决定了，那这就是你的事情，和别人没有关系。

不赖别人，不是因为天气不好，不是因为别人不支持，不是因为别人阻碍你——那些都不是。

你的事，就是我要、我来、我看见、我成为。

要强大，不要强势

真正的强大，不是摆个架势，那是逞强。

真正的强大，是强在内心，是有坚定的自信和自洽。

逞强，其实是自卑感的一种表现。我们不需要努力"看起来很强"的那种强势，而是要努力"变得更强"的真正强大。内心就像有一根定海神针，所以你能岿然不动，你的能量场能由内而外散发出一种无法言传的势能。

一个人真正的强大，是见过天地、见过众生之后，逐渐看见自己的过程。走过这个过程的人，必然是谦卑而有边界，温和而又坚定的。

内心越是强大的人，与人相处反而越是随和。他们不需要用咄咄逼人的虚张声势，来掩饰自己的内在能量不足。说到底，他们不需要表演。

强势的本质是自卑与自恋，是表演出来的强。比较常见的如过度以自我为中心，控制欲强，自尊心过高，渴望得到别人的关注和赞美等，所以会人为制造出夸张的语言、声音、动作来不断强迫对方接受自己的观点。

真正的强大，本质是自信，底色是与自我和解。

能量越高，好运越多

万物皆能量。

能量大于能力，内在决定外在。

能量就在你的精气神里，这里藏着你的命运。当你的精气神充盈，你便拥有了吸引并凝聚世间美好的强大磁力。它是你的内核。

内核的意思就是"精气神"——即便一切身外物消散如烟，只要你的精气神仍在，你的能量场，你的灵魂之光，都将为你重塑、再生。所以你必须用心养好你的精气神，管好你的身、语、意。

管好自己的眼睛。学会闭目养神，回到内在，收摄元神，让眼神从纷繁的外物中解脱。

管好自己的耳朵。学会隔绝外界的喧嚣，如靡靡之音、狂躁之音、批判与指责……生活的主宰是你，不必过分在意他人的评价。

管好自己的嘴巴。吃什么，说什么，很有讲究。人要学会觉察深藏在自己表达欲背后的需求是什么。让你的言语变得精练而有力。去练习把话说少，这是一种很厉害的本事。

管好自己的大脑。试着关闭大脑的评判功能，不去定义、分析周围的一切，更不要试图控制什么，系统无处不在。大脑得出的结论往往带有欺骗性。

管好自己的念头。以善意、善言、善行播种良善，用自己的身心能量服务更多的人。让周围的世界因你而美好，让你所到之处，给人希望；所说之话，给人力量。

修行，不一定去古寺，而是落实在日常生活中。在红尘中修行是上乘之道。

当你的精气神越好，能量越高时，宇宙安排的福报和好运自然会被吸引到你身边……

做一个精神明亮的人

大胆做梦、简单相信、做一个精神明亮的人。

大胆做梦吧，勇敢的人先享受世界。

什么是勇呢？是"彪悍的人生不需要解释"，是"虽千万人吾往矣"，是"不在乎的勇气"，是"追随自己的内心，敢于拒绝"，是"从心而欲不逾矩"的自由，是"看透了生活的真相但依然热爱它！"。

简单相信，深深臣服。

如果你相信，你是属于整个世界的，那么你将能调用整个世界的力量来支持你；如果你相信，你只属于自己，那么你将只能调用自己的力量孤军奋战。如果你愿意简单相信，深深臣服于生命的智慧，那么你生命的每一刻，都可以是金色的，一切将是最好的安排。

做一个精神明亮的人。

那些身上自带稳定感与秩序感的人，那些拥有正心正念的人，那些活出了觉知、全然接纳的人，那些内心充满了安宁和慈悲、祝福与大爱的人，那些拥抱生活的人，那些勇敢而真挚踏上内在觉醒旅程的人……

是你，也是我，我们都努力，做一个精神明亮的人吧。

◇ 咨询室的故事:"我为什么总是不想动?"

我记得很清楚,私教学员晓雨来找我做咨询的时候,她说自己在身心灵领域报过很多课程,关于亲密关系、关于家庭教育、关于自我探索……一个又一个课程,几年来,她都不记得自己究竟花了多少学费。

为什么会走上持续学习的这条路呢?

晓雨说,三年前的一场车祸,差点要了她的命。从那时候起,她发现她的生活陷入了一滩烂泥。

晓雨本来和丈夫经营了一个实体生意,生意做得也还不错,风生水起。但慢慢地,她的生活开始出状况了,先是婚姻危机,然后是自己出了车祸。再后来,疫情来了,他们的门店也被迫关闭了。那时候,晓雨十分委屈,发生了这么多的事,她也没有和丈夫大吵大闹,依然心平气和地和他说话。晓雨说她只希望能用爱留住他,毕竟孩子需要一个完整的家。

眼看家里的积蓄花得差不多了,不得不继续赚钱,可是她一点儿动力也没有。她问我:"躺又躺不平,卷又卷不动,你说为什么我没有动力去赚钱呢?"

我第一次给她做金钱关系的心理咨询时,很快就探索到一个点:她和她妈妈的关系一直不是很亲密。

我们知道,一个人如果和妈妈的关系不和谐,那么他和周边其他人的人际关系往往也很难融洽,而且他和金钱的关系也不会很顺畅。

晓雨说："的确，我一直就跟妈妈不是很亲近，我们之间总好像隔着点什么。"

一个家庭是一个系统。系统的序位法则决定了孩子只是孩子，孩子绝对代替不了父母，更不应该站在超越父母的位置，否则这个系统就会失衡。失衡带来混乱，混乱带来痛苦。

我继续用心理学的方法带她做练习和处理。跟随我的引导，她的身体很快便出现了明显的排负反应。在朋友的眼里，她是一个特别善良、有大爱的人，总是给人以爱的鼓励，可是她压抑了很多对爱的渴求，她说自己有很多委屈、愤怒，从没有机会对家人表达过。

那一刻，随着我的引导，晓雨的内在情绪开始激烈涌起，并不断出现咳嗽、流泪、打嗝等身体反应。

所有未经看见的情绪都藏在你的身体里，你的身体知道答案。

在"身、心、灵"这三者中，身体是最为直接且可感知的，它不像心理和灵性那样难以捕捉。在心理和灵性层面，有时会出现自欺和假象，但身体几乎从不会出错。心理学上有一个概念叫作"情绪的躯体化"，即人的身体里几乎留下了你所有情绪印记，人的情绪会通过你的身体语言来表达。

那一刻，我知道，晓雨那些未表达出来的情绪被看见了。而看见，就是一种疗愈。

成事
勇敢的人,先享受世界

Chapter 03

对于那些使自己成为单调生活的奴隶的人来说，他们的行为大多由对冷酷的外在世界的恐惧激起，他们以为如果他们沿着早已走过的路走下去，就能避免撞上这个世界。

——伯特兰·罗素

1. 高手的秘密

高手喜欢反着来

普通人等着被点亮,高手选择点亮别人。

普通人选择慢慢来,高手直接进入核心。

普通人根据能力定目标,高手根据目标定能力。

高手喜欢反着来。

反者道之动!

普通人顺着想,高手倒过来。

普通人总想多得到,你就反过来多给予。

普通人总想解决自己的问题,你就倒过来先为别人解决问题。

普通人总想贪便宜,那你就倒过来舍得先把好处给别人。

普通人总想证明别人错而自己是对的,你就多给别人鲜花和掌声。

普通人总想得到别人的爱,你就倒过来爱自己,爱满自溢再爱别人。

普通人总觉得别人对不起自己,那你就倒过来多多去感恩别人,你一定贵人不断。

普通人总想赢,而你,赢不赢无所谓——你就是高手无疑!

勇敢的人,先享受世界

很多人成不了事都是困在行动上,不敢,害怕,犹豫。

对于未知,对不确定性,本能地后退,而不是拥抱。

他们会要求先看见,才肯相信;而勇敢的人,先去相信,然后成为。所以,这个世界还有一个真相是,成功是一件确定性的事情。

它并不难,因为,敢于行动的人并不多;因为,能够坚持的人更加少;所以,勇敢的人先享受世界。

要去做那不被定义的风。

窄门

做个人品牌,做得久比跑得快更重要。基础的做法是传递知识,高级的做法是传递你的生命状态。

传递知识是简单的,可以一次制作、无数次复制;而传递生命状态是一个长期、持续、实时的过程。你的生命状态每天都是不一样的,甚至你今天有就是有,没有就是没有,没有办法"一次时间卖多次"。显然,从商业效率上讲,前者效率高,而后者就是走"窄门"。

但是真正的高手,都在走窄门。

真正的强者,敢于打破重组

鹰的一生与人的一生何其相似。鹰在 40 岁左右必须完成一次艰难漫长的蜕变,直到长出新的羽毛,然后获得重生。

真正的强者,是可以亲手将自己打破再重组的人。

很多人 30 岁就已经死了,只不过 80 岁才入土。他们一生用同一套思维模式,一生活在固定的脑回路里,被困在永恒的思维牢笼里。

你的潜意识操控着你的人生,你却称之为命运。

——卡尔·荣格

人的思维升级和认知迭代通常很慢,很多人从未意识到,潜意识中那些限制性信念正在成为囚住他们的牢笼,还道那是命运,更谈不上冲破和怀疑——他们没有勇气撬开牢笼,宁可重复熟悉的模式,年复一年,苟且偷生。

然而,一旦我们能够意识到并揭示潜意识中的限制性信念,我们就有可能改写自己的命运。要实现这一目标,可以通过两种方式:一是不断学习和自我提升,二是借助外部力量。大量实证研究显示,运用心理学的科学方法揭示个人的潜意识,并将其转化为积极正面的意识,可以对潜意识进行重塑和重组,从而带来个人命运的显著转变。这是因为,许多事情看似是命运的安排,实际上都是我们的潜意识在背后作出的选择。

向上的路,并不拥挤

这个世界上,有 90% 的人喊愿望,有 50% 的人定计划,有 25% 的人表决心,而坚持行动的人,只有 2%。

所以,向上的路,并不拥挤。你觉得拥挤是因为,你选择了安逸,选择了简单好走的路。

高手总是走"窄门",选择少有人走的那条路。要知道,每一个顶着光环的人,都是熬出来的;每一个耀眼的人,都是踏着荆棘而来的。樊登在做樊登读书出圈成名前,默默积累了 9 年。总是一身绿衣的意公子同样积累了 9 年。试问,一熬熬 9 年,即使有对手也早被熬"死"了吧?

这样的例子我们身边有很多。喊口号、立目标的事情谁都会。而真正的狠人，总是在悄无声息中接近目标，然后直接放倒。

把事情做成，是一种正反馈，会产生时间的复利效应。

其实，世界上没有那么多大事，绝大多数的成功就藏在小事和细节里。约好的时间就不要迟到，答应要交的稿子就不要放空，承诺某人的话就要做到，给自己定了小目标就不要放水，去一个个做到。

大多数时候，我们以为自己知道坚持的意义是什么，实际行动起来往往谬以千里。当然，有一种情况不要混淆——假目标，假热爱，假口号。

真正的热爱不是靠坚持，它是自驱动的。如果遇到难以坚持的情况，不妨自查：这是你真正的热爱吗？

超越困境

很多人遇到困境，往往会陷在自己的困境中出不来，好像从此便坠入了人生的黑暗深渊，自顾不暇地等待救援，哪还有精力顾及别人？

殊不知，解决困境的答案恰恰在他之外。

现代自我心理学之父阿尔弗雷德·阿德勒说：超越自卑唯一的方式，就是通过与他人合作，通过关爱他人，来解决社会问题。

换句话说，超越困境的方法，就是帮助别人打破困境，从而打破自己的困境。因为当一个人超越自我,置身于更广阔的系统中作出贡献时,系统会自动进入新的平衡。

奇迹的发生

奇迹是不被阻断的自然。

当我清楚地知道自己想要的是什么,进而设定目标,并带着热情与信任,为实现设定的目标付诸行动,所有我所需的资源会自动到位,不多也不少。

所有的高我意识,都只希望帮助我梦想成真,它们会以各种不可思议的方式来协助我。

因此,把自己活成一个通透的管道特别重要。这意味着全然地信任这个世界,就像全然地信任你的伙伴会稳稳地托住你一样,让生命能量在其中自由流动。

无有挂碍,不被阻断,这时,奇迹就会自然发生。

越过越好的人

越过越好的人,是把精力放在了对的地方的人。

什么是对的地方?学习、锻炼、深造、升职、赚钱、心理疗愈、自我成长……什么是不对的地方?吵架、纠缠、抱怨、内耗、寻觅、等待、挽回……

做一个心中有狼、手中有花的人,你的松弛感会带来高级感。

2. 成事有方法

追随那些比你成功的人

为什么厉害的人都有导师、教练？

因为困住你的往往不是那些表面上的事情，而是你意识和潜意识里的限制性信念，那些"框框"。

关键时刻，高人指点一句话，就能给你破"框"，就能规避你撞南墙的风险，就能节省你绕弯路的时间。

跟随这样的人学习 6 个月，你所学到的生命智慧，比你正常学习 10 年获得的知识还要多。

所以你应该找到这样的导师或教练，追随比你成功的人。永远不应该被那些不如你的人影响——他们的评判，他们的意见，他们的建议，他们的指责……当作耳旁风就好。那些没有亲身经历过的旁观者，没有权利提建议，你也绝对没有理由去听从他们的建议。

如果周围都是成功的导师和教练,那么你想要成功就变得更容易。

不要有感性的烦恼

不要有感性的烦恼,要有深刻的沉稳,更要有当下的觉知。

没有人会去帮助一个毫无价值的人。你必须好好地经营自己,就算你跌入了低谷也要有与人交换的筹码,这是强者定律。

那些花半秒钟就能看透事物本质的人,和花一辈子都看不清事物本质的人,注定有截然不同的命运。有些人的沉稳,也许你花 10 年才能抵达。

祝福与嫉妒

嫉妒,让你与他人的差距越来越大。

祝福,让你的状态越来越好。

祝福是你好我也好,嫉妒是你好我不好。

祝福是随喜赞叹,嫉妒是凭什么你有我没有。

嫉妒是贪嗔痴念,祝福是送人玫瑰手留余香。

敢比会重要

很多人以为,成功是一件离自己很遥远的事。他们的思路通常是,成功靠慢慢积累,不断努力,加上机会和运气,假以时日,或许就能成功了。

在他们的认知里,成功是偶然,是运气,是不确定性。

然而,我发现了高手的秘密:成功是确定!出手即是定局!

向上的路并不难走。因为善于坚持的人并不多。

成功的路并不难走。因为敢于行动的人并不多。

高手是怎样做事的呢?先定义,再成为,以终为始。一开始就敢于设定一个看起来很高的目标和一个高身份,然后直接奔着这个山头全身心地投入做事。把确定性不断"玩大"——你若相信,你就可以!

最坏的情况也不过是"取法乎上,仅得其中"。

所以你看,有的人永远不可能做成大事,因为他不敢想。不敢确定。

敢比会重要。敢的人,必定先成功。

你需要的不是完美,而是开始

无数人不能成功的根本原因在于:半信半疑,半推半就,走走停停。

少数人有大成就的根本原因在于：坚信无比，全力以赴，持续永恒。

想一万次，不如行动一次。

没有完美的行动，只有勇敢的开始。

大部分人卡在无数次地否定自己。而你需要的不是完美，而是开始。

永远不要等到一切准备好了再开始，先迈出第一步再说。先完成，再完美。

你要知道，在你准备、犹豫、不行动的几个月里，生活的确是安全的，但也就是那死样子而已。

事情永远没有一个完美的状态。不要在犹豫中蹉跎了岁月，错过了时机。更多时候，过程就是意义，甚至比结果精彩一万倍。

好的关系，必有边界

你观察一下身边真正的高人就会发现，他们有一个共同的特点：明明知道这个人"不灵"，但是他不提醒、不指点、不好为人师。

即便他的认知、经验都超过了对方，他也不会贸然给对方提建议。因为无论是多么善意的指点说教，你都剥夺了别人在错误中学习的权利。

能说服一个人的从来不是道理，而是南墙。

能点醒一个人的从来不是说教，而是痛苦。

放下助人情结，尊重他人命运，这是一个心理咨询师的边界。

有时候，好心会办坏事，就是这个道理。法不轻传，道不贱卖，师不顺路，医不扣门……越位助人，对于双方而言都是一种侵犯和削弱。

可以伸手，但是不要去拉。好关系的前提是，有健康的边界。父母与子女之间有边界，夫妻之间有边界，领导与下属之间、同事与同事之间有边界，朋友与朋友之间有边界……推而广之，在任何系统中、角色里，各自归位，不越界，关系才会运行顺畅。

如果你做事毫不费力，那根本就是在浪费时间

一个人成就的大小，往往取决于他所遇到的困难的程度。如果你做事毫不费力，那可能根本就是在浪费时间。

聪明的犹太人早就发现：天下难做的事，反而容易做成！

为什么呢？因为有壁垒，因为向上的路并不拥挤。

所以，选择做正确的事，比正确地做事，更要紧。

假装在生活

一个人有没有远大的志向，有没有笃定的信念，你通过很

短时间的交往就能看出来。那些有志向、有正念的人，他们的言谈、气质、关注点都在彰显他们的与众不同。他们走路带风，眼里有光，浑身上下都散发出积极向上的吸引力。王阳明曾说："志不立，天下无可成之事。"

有的人，一辈子都在"划水"，每件事都找好了退路和说辞，永远在面子上立于不败之地，永远在道德上占据着制高点。如果你问他，这辈子你干过什么有意义的事情，或者做过什么你认为有价值的事情，很多人会被问蒙的。

因为他们在混，假装在生活。

责任即意义

你对自己的人生具有无限全责。

这种责任观的另一面，是让一个人建立起对自己的角色的定位、赋权和赋能。一个人为自己的人生做好承担全部无限责任的心理准备过程，就是他成长的过程。

责任即意义。

不要寻找人生的意义，去寻找责任吧。

人生无限责任，带给你人生无限意义。

比聪明更重要的

你不需要很聪明，但你要懂得为自己的人生及时按下"确认键"。

那些真正能拿到结果的人，有一个共同之处：我锚定这个方向，那么接下来所有的力气就全部用在如何把这件事做好上。也就是专注——当我确定好方向，那之前所有的事，哪怕再有价值，我也会立刻舍去。很多人得不到他们想要的结果，是因为他们根本没有决心壮士断腕，掉入"沉没成本"的陷阱，抱着之前有价值的垃圾不放，所以迟迟犹豫不决，最终两边都拿不到结果。

如果你不敢为人生的新阶段及时按下"确认键"，那么你始终会认为，自己多一个选择多一个机会。那些决定为自己按下"确认键"的人，恰恰认为自己并没有太多选择，我就做好这个，所以就一门心思把事给干成了。

实际上，静下心想想，作为普通人我们真的有很多机会选择吗？那些觉得还可以再看看、再想想、再尝试尝试的人，他们反而认为自己是比较聪明的。但他们不知道的是，在成事面前，专注产生聚焦，聚焦产生结果。

阻碍你成长的，从来不是没时间、没钱，而是漫长的犹豫和消耗的精力……

人生五件套，早冥读写跑

早起——最好的状态。早上是一个人最有创造力的时候，不要浪费在床上。

冥想——最好的能量。与自己在一起，与自己的潜意识深度对话。

阅读——最好的视野。阅读带我们到达的远方比我们的双脚所能到达的要远得多。

写作——最好的进步。输入的知识并不一定被你拥有，只有输出的知识才真正属于你。

跑步——最好的资本。都说身体是革命的本钱。拼到最后，拼的其实是健康。

当一个人想要赢

当一个人想要赢的时候，他已经输了。

赢是比较，赢有对立。

对面是谁呢？

往往最后才发现，那些很用力的努力，为了最后一刻"赢"的闪耀，似乎都是为了一个证明，证明给"他"看：

谁说我不可以？

你是不是可以给我掌声了？

我是不是值得你的偏爱了？

这个"你"，是谁？

其实对面没有别人，只有你自己，即使局外人早已看透了这个把戏，但这对于享受他人瞩目与认可的人来说，需要很深的觉察才能认清，很用力地求赢，是匮乏；很用力地证明，是缺爱。

一旦你把"想赢"换成"实现我自己"，从"求"变成"给"，事情就会变得完全不一样。

3. "开挂"的快乐

真实有力量

有一位加我微信的读者朋友告诉我:"我从来没有和公众号博主私聊,你是唯一一个。"

参加过我大理旅修的伙伴说:"第一次线下见到曼莉,是在她的大理旅修营,我发现她跟我在其他平台遇到的导师不一样;其他导师给人的感觉是高高在上的,可曼莉没有这些……"

这很曼莉,这真的是我。

接地气,很真实,也很入世。

我当然知道自己不完美,并没有一张网红脸,没有360度无死角的惊人容颜,但我很真实。

我也有过自我封闭的经历。但是现在,内在通透了,外在也就坦然——我完全接纳了我自己。好看的皮囊已经那么多了，多一个真实的灵魂也很好。

没有任何人设包袱，我只负责全然地活出我自己。我希望借由这个过程，带给更多人力量：我们普通人，也是可以的！

真实，真诚，真正。

如实，如是，如一。

在这个新个体崛起的时代，精神高度崛起，大家各有特色，潮水退去，我们更需要着陆——落在真实的生活中，落在人间烟火里，落在看得见、够得着的真实里。

这个世界很好玩儿

每个人内心都有一个沉睡的巨人。一旦被唤醒，将释放无穷的潜力。

就像我这一年来的改变：我离开好好的工作和令人羡慕的职场光环，转身投入心理学领域做个人品牌，这一决定令身边所有人瞠目结舌，只因为，我的内心被唤醒了，我开启了我的"第三次成长"——心灵成长。

很多朋友羡慕我的勇敢，都来祝贺我取得的成绩，而我对他们最常说的一句就是：我只是有那么一点点勇敢而已，其实你也可以！

成年人的酷

成年人的酷，就是走出半生，归来不发一言。生活啊，好比那黑夜里寂静而漫长的路，走过的人，他从不说出来。

也许你感觉自己与周遭格格不入，但正是那些你一个人度过的时光，让你变得越来越丰富。等到有一天别人终于注意到你的时候，他们就会发现一个比他们想象中更酷的人。

女生一旦开窍，人生就此"开挂"

你有没有发现，身边越来越多优秀的女生，活出了自我的精彩？女生一旦开窍，人生简直会"开挂"！

弘一法师说：当你的内心变得冷漠，学会独来独往，眼神变得坚定，做事开始果断，一心想着怎样提升自己，你就会知道，身披铠甲的你已获重生。因为你变得自信，坚定，有力量！

开窍后的女生时间很宝贵，不再混日子，做事情有明确的主见和边界，开始觉得以前错过的时间真是白瞎了。开窍后的每一分每一秒，都分外宝贵。

开窍后的女生，爆发出超强的学习力和行动力，成长以肉眼可见的速度在发生着变化。比如，突然换风格了、突然换圈子了、突然自律了……因为她们心中有了明确的目标。

开窍后的女生内耗变少、内心变强，不会过度在意别人的评价,更注重自己的感受。不再害怕拒绝,不再执着争辩,不再担心失去,不再那么多抱怨,以减少情绪内耗,把生命能量聚焦在自己的目标上。

开窍后的女生不再想着去改变别人,也不费劲考虑如何证明自己,凡事从心出发,做自己能掌控的事。合则合,不合下一个。真的,没必要。每个人对成长的渴望不一致,每个人的认知水平也不一致。不一致就不在同一个频道。自从意识到这一点后,开窍的女生会果断换圈子,跟随对的人、做正确的事。她们会选择远离原来的消耗型圈层,与更优秀的人在一起蜕变。

开窍的女生内心变得强大,能量很足,对未来不惧,对过往不究,更有底气看长远,也更有定力面对眼前的挫折或诱惑。这份笃定感会体现在她们坚定的目光、稳定的气场上。她们往往有一个长期的目标,或者说由使命在驱动。日拱一卒,功不唐捐。不急,慢慢来,终将抵达。

很多人在行动之前就输了。输在哪里?输在心力、愿力上。因为她们不敢把自己完全地交给这个世界,不敢完全地信任未知和不确定的未来。她不相信她可以。她觉得别人说的,都是"鸡汤"。殊不知,开窍的女生,最后活出来的,和"鸡汤"是一样的。

她们是因为相信,所以看见。

大多数人,非得看见,才肯相信。

一个人变强,为什么是突然变得很强大

经常收到微信留言说:曼莉你现在做得真好,太厉害了!

我笑笑。在之前默默无声、被打击、被拒绝的时候,没有人这样说。

人性慕强,改不了的,也无可厚非。只有在你没有做出来成绩的时候,还坚定地支持你、看好你的人,才是发自内心真的看见你、认可你。在你做出来之前,大多数人只是观望、路过、犹豫,等着看下场。

其实,他们后来所认可的你,是他们希望成为的自己。是你活出了他们想要的样子。至于变化的过程中你经历了什么,对方并不感兴趣。

因此当你看到一个人突然变得很强大,不是他真的突然变强,而是观众自动忽略了他变化的过程。"轻舟已过万重山。"

好多人的无意识是:要得太多,给得太少。说得太多,做得太少。道理都懂,心在浮漂。

要有自知之明,要有屏蔽力。盯着你的目标,心无旁骛,专注笃定,维护好自己的边界,悄无声息地接近你的目标,直到最后打出漂亮的一击。完美收鞘。

成事的人,没有时间东张西望,犹犹豫豫。干就完了,又不是没那条件。

撞上这个世界

对于那些使自己成为单调生活的奴隶的人来说,他们的行为大多是由对冷酷的外在世界的恐惧所激起。

他们以为,如果他们沿着早已走过的路走下去,就能避免撞上这个世界。殊不知,不和这个世界撞一撞,发生点关系,你就不可能找到真正的自己。

我们在碰撞中,碰触自己和他人的边界,交换能量,明晰彼此,相互支持,彼此照亮。我们在碰撞中,走上更远的路,遇见真实的人,也遇见更辽阔的自己。

当你足够开阔,万物才慈悲。

成为别人的灵感

如果不能给别人的生活带来灵感和甜美,如果不能成为别人的同谋和缪斯,我们宁可不进入别人的生活,别人也不必进入我们的生活。

如果你对自己的圈子品质始终保持着这样的要求,你的生命一定会不断去向更高的地方。而当你的生命来到一个新的能级,那些不好的关系就会自动脱落;那些更好的人和事,会自然地来到你的生活。

凡是大，必孤独

人之痛苦，并不源于所得到的，而是源于永远得不到的。

终极的幸福是给予，而非索取。这世上，凡"大"者，必孤独。

大海孤独，天空孤独，山脉孤寂，大地孤寂。所以，从你开始孤寂的那一刻起，你开始变"大"。

但这种"大"有时让你受不起，有时让你害怕。因此，你必须持续地修炼自己，静静地审视自己。如若不行，先回到人群，等待自己的灵魂变得强壮与完整，直到有一天你以孤寂为美，你开始享受"大"带给你的辽阔，你便永远与那个"小我"分了手，你便永不回头。

离开众人大笑而去，这不是真正的成熟

古典在《超级个体》中介绍自由职业时提到了职业发展的三个阶段：雇用（个人依赖企业）—自由职业（个人独立于企业发展）—共生（个人和企业相互促进）。

史蒂芬·柯维在《高效能人士的七个习惯》里提到，一个人要经历三个阶段：依赖—独立—互赖，方才走向真正的成熟。

他们二人说的是一个意思：只有自己能赢，他人不能赢的事，不干。

从系统的角度来看,任何单独的个体,都是整体的一部分。脱离整体谈个体没有意义,整体是个体的大前提。在商业领域,一家独大的长久成功几乎没有,开放生态的繁荣比比皆是。

一个人,能够联结的事物越多,能够影响的范围越大,他们就越多成功。离开众人大笑而去,这不是真正的成熟。成熟的标志之一,就是能与你不认可的世界握手言和。相互依赖,把彼此的后背交给同伴的自信,是一种更高级的智慧。

我们的安全感,不应该建立在不依靠外力,而应该建立在我的这份力,不可替代。

一个有智慧的人会创造更多的赢面。

"开挂"的人生不需要解释

面对质疑,面对批评,面对挫折,面对无回应……懊悔,自责,纠结,焦虑,疑惑,自我怀疑,拖延,逃避?

不,把精力贯注在行动和创造上。不内耗,不解释。只要你不允许,就没有人能伤害到你;你心里没有靶子,伤害的箭就射不过来。

内耗的根源在于对现实不臣服,不臣服强化了分离感,制造了自我的外壳。结果就是,越对抗,越痛苦;越臣服,越自由。

"开挂"的人生不需要解释。

你不需要完美
你只需要开始

慢有引力 | 一句话治愈

◇ 咨询室的故事：一个人要走多少路，才会找到自己？

我是曼莉，慢有引力的主理人，同时也是一名心理学创富导师。我是人生体验者，也是未来造梦师。

2023年春天，我离开了职场，成为一名自由职业者。

在大家感叹工作难找，在很多人以为心理学入门需要3~5年的时候，我果断辞去好好的工作，放弃公司给我的原始股份，放弃高管的身份标签，毅然转身从0开始做个人品牌，跨界成为一名心理咨询师、心理学创富导师。短短1年，我已经完成了200多个心理咨询个案，个人品牌收入变现远超我离职前的年薪——我想用我的故事告诉你：你的潜力，超乎你的想象！

一个人要走多少路，才会遇见真正的自己？回首20余年的职场生涯，我面临过崩溃，也曾经历过暗夜。过往的痛苦令我时常反思，我也一直在探索人生三问：我是谁？我为什么来到这个世界？我要到哪里去？

我在离职前的公司服务了8年，是公司高管。这次离职，我放弃了公司给我的无固定期限合同，放弃了不菲的年薪，也放弃了我的原始股份——我承认辞掉这样一份工作需要勇气，但冥冥之中，我总觉得自己内心还有一股力量没有使出来。

这时，我借了一个力，我付费请老师为我做了一次天赋优势解读，我想更多维度地了解自己。结果发现，我有一份更高的使命；只要我去做利于他人、利于社会的事，去做自己真心喜欢的事，我就会有源源不断的资源；我在热爱的方向上非常爱钻研，是一个带有影响他人能量的人。而且我天生是一名能量型选手，擅长自我驱动，做事善始善终……

是的，我终于知道了为什么我总觉得我有用不完的力量了。原来天命如此，它在推着我走。

时代的趋势不可不察。我注意到，世界的整体能量正在从家族能量转化为个体能量，接下来，越来越多人会回归个体做自己真正热爱且擅长的事。也就是说，我们正在进入一个集体大觉醒的时代，越来越多的独立个体悄然崛起，这不意味着所有人都要成为超级大IP，而是每个人都可以有自己的一小片天地，这就是趋势之一。

另一个趋势是，经历过前面一个物质大丰盛的时期，接下来，人们对情绪产品和情绪价值的需求将日益旺盛。人们普遍面临焦虑与各种情绪问题，它们需要有相应的释放出口。所以未来一段时间，心理学与身心成长相关的领域将是大势所趋。

鉴于此，2023年4月，我终于按下那个"确认键"：坚定转身、重新出发！

一年时间，会有哪些可能性？

时间倒回到2023年。

2月，我遇见了我的终身导师——顺道教育创始人和心理学创富系统创始人佘荣荣（荣姐），我报名跟随她学习心理学；随后决定离开职场，从零开始，以"心理咨询师"的全新身份开启个人品牌。

5月，在玉龙雪山下，我第一次参加荣姐的线下导师班和心灵舞动课，借课程和导师之力突破自我、重获新生。通过这次线下课，我的生命能量得以整合，我也笃定了后半生的人生使命。

6月，我荣幸地通过审核，成为荣姐的终身私教学员，并成功申请了顺道教育苏州分院，成为苏州心理学创富系统导师第一人。

7月，我举办了我人生第一场心理学主题线下工作坊"金钱的秘密"，开启站在讲台上的新篇……截至目前，已经举办20余场线上线下工作坊，面对面影响超过1000人。

8月，我再次打破自己认知"瓶颈"，参加顺道教育线下总裁班学习商业思维与心法，与更多高手同行，内外兼修，快速提升我的个人品牌行动力。同时，参加了心仪已久的顺道颂钵体系课程学习，丰富了我的知识结构，也令我的生命能量得以丰沛。

9月，我开始招募私教学员，其中包括一位海外学员，在日常的心力陪伴中用生命影响生命，赋能和加速私教学员们的成长。

10月，我成功注册"慢有引力"商标，确立了"慢有引力"品牌的使命、愿景、价值观,坚定长期主义路线,穿越周期。

12月,我参与导师荣姐的"珠穆朗玛里程碑大事件"——成为她的新书《和财富做朋友》发行委员会成员,助力这本新书上市。该书上市后不久就雄踞京东图书各大榜单前列,以15天狂销10万册的惊人数据,成为出版界2024年的现象级"黑马"。在这次活动中,我也获得由中国经济出版社领导亲自颁发的"营销专家"荣誉证书,该荣誉在中国经济出版社史无前例。

2024年2月,我为顺道教育上万名学员分享传授我的"公众号运营秘籍"私房课,助力更多顺道教育知识博主勇敢开启公众号、做个人品牌,该课程大受欢迎。

2024年3月,我受邀成为苏州女性创业平台"缤纷姐妹"的平台疗愈导师,为更多创业姐妹赋能,用心理学+商业使创业姐妹如虎添翼,一起缤纷创富、内外丰盈。

2024年4月,我在大理举办了我的第一场"女性成长心理学线下工作坊"——大理旅修,服务于当代优秀女性,帮助女性朋友活出自我,一起向善、向内、向远方,开辟了"心理学旅修"行业先河,将身心整合及心理学服务直接呈现在旅修场景中,助力慢有引力成为心理学旅修第一品牌。①

2024年4月23日,作为荣姐的终身私教学员,我受邀参

---

① 慢有引力为旅行陪伴类和心理类注册商标。

加顺道教育3周年庆"燎原计划",在超万人直播间分享我在顺道教育这一年梦想成真的心路历程与成长秘籍。

说真的,拥有如此多彩的生活是我过去十年想都不敢想的事情。而这一切,都发生了,且发生在短短一年多的时间里。

如果你问我,生命还有哪些可能?我的回答是:无限可能。

看见自己,是一个漫长的过程

时间倒回2022年10月的一天,我的内心突然迸出一团小火苗:我要帮助10万人开启心灵成长之旅。

说它是凭空产生的?也不是。记得两年前,我就被稻盛和夫先生的"利他"人生宣言强烈震撼到。那时候,他的人生宣言就在我的心里种下了种子,与我的内心信念不谋而合。而这一次,我强烈感应到这种信号,每天都处在一种很高能的状态,每天都有一种非常愉悦和流畅的满足。

那时候,我白天工作,晚上投入学习和写作,开始大量在公众号和视频号输出我的所思所想,也不断收到读者朋友的热烈反馈。神奇的是,我的公众号粉丝开始魔法般一路飞涨,最高的一次,我的单条视频号短视频播放量近300万,一夜涨粉超过3000人——而我只是真诚地、老老实实地原创这些文字,是宇宙给了我一个大大的"确认键"。

我想起有一句话是这样说的:当学生准备好了,老师自然就会出现。

这个准备，我几乎用了20年。

记得2017年那一整年，我几乎完全戒掉了朋友圈，投入学习，乐此不疲。厚厚的一本学习笔记，早已被我翻到封面残缺，它的主题是：成为你自己。

成为自己的道路并不轻松。一路有障碍，有密码，有困难，有迂回……现在，当我准备好心有所愿时，当我希望创造人生价值、支持他人心灵成长时，我遇到了关键的指引，我非常重要的一位贵人，也是我的终身导师——佘荣荣。

当学生准备好了，老师自然就会出现

为什么厉害的人都有导师？因为困住你的，并不是很多具体事情，而是你意识和潜意识里的"框"。

破"框"并不需要苦口婆心，通常只是一句话。而愿意告诉你这句话的人，不是你的贵人，就是你的导师。

我是幸运的。因为我遇到了国内心理学创富的"黄埔军校"——顺道教育。遇见顺道教育，我才深刻理解选择大于努力的真正含义，毫不夸张地说，如果不是遇见顺道教育，5年后我也未必能做到今天的样子，所以顺道教育让我至少少走5年弯路。

顺道教育拥有一个非常完善的心理学成长赋能体系，我从最基础的金钱关系咨询、天赋优势解读开始，疗愈自己，赋能他人，在一米宽、百米深的财富心理学板块，我一头扎进顺道心理学创富教练体系，一路实现了火箭式升级：3天后升级为二阶课；3个月后首次参加导师班；4个月后有幸通过审核成为荣姐的终身私教学员，同时成功申请顺道教育苏州分院；先后举办了近20场线上线下培训课，短短一年，我运用在顺道教育所学的心理学技术，先后完成了200多个咨询个案，逐步形成了自己的身心成长知识付费体系，个人品牌变现收入也超过了我之前的年薪。

这一切，只因为我做了一个正确的选择：进入心理学行业，而且是变现力极强的财富心理学。

臣服于生命的安排

自从离职开启自由职业以来，我每天听课、学习、咨询、写作、私教辅导，忙得不亦乐乎。我喜欢这种张弛有度的节奏，因为我骨子里热爱自由。在一次次的唤醒、疗愈和赋能中，看到我的来访者表情舒展了、身体轻松了、面容绽放了、状态更好了，这个过程也深深地感染了我，滋养了我。

还有什么比去唤醒、点亮一个美好生命更美好、更幸福的事呢？人们常说"布施"有三种：财布施、法布施、无畏布施。做心理咨询工作，就是陪来访者去看黑暗背后的光，让他获得力量和勇气、信心和无畏——这是一份生命支持的美好事业。

如今，我几乎每天都能收到来访者和学员向我报喜的信息留言。她们有的是本人状态变好了，变得爱笑了；有的是婆媳关系和亲密关系变好了；有的是母女关系变好了；有的是状态改变后，财富状况变好了；有的是亲子关系不拉扯不嘶吼了；有的是报喜孩子考上了心仪的重点高中；有的是报喜工作中受到了领导的重用……好消息太多了。

我的导师荣姐说，前半生比的是你遇见贵人的能力，后半生比的是你成为别人贵人的能力。幸运的是，前半生的末尾，我遇到了自己的贵人；在人生下半场开场之际，我找到了自己的天赋热爱，有幸成为一名点灯人，用我心，去点亮万人心。

余生，我将继续沿着天命指引，做好这份有关女性成长的事业，支持1000万人实现心灵成长。去唤醒，去疗愈，去赋能，去创造，去布施，去成为更多人生命中的一份礼物！

财富

凡是财富比你多的人，自我限制一定比你少

Chapter 04

一个人成功与否,和他是否尊重母亲,以及是否有得到母亲的祝福,有很大关系。当你把它谨记在心,事情就会渐入佳境。

——伯特·海灵格

1. 财富的逻辑

真相

财富都流向不缺钱的人,爱情都流向不缺爱的人,苦难都留给能吃苦的人。

我敬佩这样的智慧,懂取舍比会创造更难,能守财比会赚钱更难。

金钱的秘密

凡是财富比你多的人,限制一定比你少;凡是能量比你高的人,情绪一定比你少;凡是赚钱比你多的人,卡点一定比你少。

财富只会流向最匹配它的人,金钱喜欢奔向也喜欢它的人。让你的德行超过你所拥有的金钱,你的财富就会源源不断地到来。

金钱是流动的,从一个地方到另一个地方,从一个口袋到另一个口袋。那些把口袋捂得过紧的人,金钱反而更想逃走;那些不执着拥有金钱的人,反而有可能获得青睐。

你自信,就能吸引自信的能量;你快乐,就能吸引快乐的能量;你健康,就能吸引健康的能量;你富足,就能吸引富足的能量。

你在每个当下的情绪状态,都有一定的能量频率。藏在你内心的安宁、丰盛与喜悦就是你的财富密码,你以这样的频率做人做事,你带着这样的能量去赚钱,钱就更容易来到你的生命中。

有时候你觉得财富好像在躲着自己。其实,它躲的不是你,而是你身上那些负面的东西,比如那些抱怨、焦虑、恐惧、怀疑……又如那些不值得感、不配得感……是这些低频率的心理活动,像黑洞一样吸收着你的能量——它们让你的能量无法流动起来,因而越来越穷。

要知道,并不是赚到了钱你才开心、乐观、积极。而是你开心、乐观、积极向上时,才能吸引财富来到你的生活里。

很多人搞反了。

怎样才能赚到更多的钱

很多人忽略了个人使命、愿景、价值观的重要性,以为它们仅是企业经营的概念。

事实上,为正确核心价值观和使命感所鼓舞的人,所赚的钱比纯粹为赚钱而赚钱的人,赚得更多。追随你的激情和梦想,投身于你热爱的事业,财富自然会随之而来。大多数人不相信这一点,但这就是事实。

詹姆斯·柯林斯等在《基业长青》中写到,有些人不擅长表达情感,在公众面前描绘他们的梦想时感到别扭,但唯有激情与情感才能吸引和激励其他人追随你的梦想。

你需要一个更高的目标、更宏大的愿景、正确的价值观和一个驱动你不断向上的使命。

想要什么,就给出什么

钱不是赚来的,而是在你不断地帮助别人解决问题之后,上天给你的回报。

你的一生能成功帮助多少人,你就能有多大的福报。因此,世界上最伟大的商业模式就是利他。

你想要什么,就先给出去。

每一种利他的能量都携带着财富的密码,如果你能很好地理解它,你就能明白钱并不是辛辛苦苦自己干活赚来的,而是为你给出去的能量所吸引。钱不是你追来的，而是它会追着你而来。

有人被你的善良吸引。

有人被你的慈悲吸引。

有人被你的自信吸引。

有人被你的快乐吸引。

财布施，法布施，无畏布施。你给出去的能量越高，你所能拥有的财富就越多。

你能帮助多少人，就会有多少人托起你

好运、福气、金钱都不是你主动追求得来的，而是被你吸引来的。你帮助别人，上天回报你的可能是好运，可能是平安，可能是财富，也可能是福气。

一个人能成事，首先是因为他能提供价值；同时，很多人希望他成事。因为当他能够成事，也意味着他能够提供的价值越大，他能够帮到的人越多。

因此，实现财富价值倍增的最好方法就是提升自己，多做利他之事，在舍与得之间让能量守恒。不过要注意的是——

小小的想法和行动只会导致匮乏和缺乏成就感；

想大玩大，你才会拥有更丰盛的财富和生命意义。

也就是说，你需要站到更高远的人生使命和目标上，你需要站到更高远的系统身份上，让你梦想的大船搭载更多人的

梦想。

因为，只在自己的世界玩儿和成为一束光，明显是两个维度。

如果你赚钱只是为了让自己过上好的生活，那是执念，财运并不会亨通。

如果你赚钱是为了给别人提供足够多的价值，那么财富自会前来。

你为多少人提供了价值，帮助了多少人，就会有多少人托起你，成全你，荣耀你。

2. 金钱与心理

你让心享受，心让你事成

想要有钱，首先要对金钱有感觉。如果对钱没有感觉，或者对钱感觉不好，那么你是不会吸引金钱的。你和金钱的关系，其实折射了你和自己的关系。

金钱与心理息息相关。

喜欢钱，它是一个积极的心态，是一个向上的能量，是一个想让自己的生活越来越美好的能量，而不是所谓"谈钱俗气"。因为用金钱可以创造更美好的生活，做更多慈善的事业，去帮助和成就更多人的梦想。

去感恩你一生所拥有的金钱，因为它让你过上现在的美好生活！

对照霍金斯情绪能量表，让你的情绪每天都调频在 200 以上的状态，带着欢喜、喜悦、自信、主动的正向频率，从言、行、意多个方面去觉察自己，从而提高自己的财富能量，养成自己的财神体质。

直面你和金钱的关系。当你越是爱它，越是感恩它，越是对它有感觉，当你让它流动的时候，你会发现你的财富能量越来越高，金钱会从四面八方流向你。

因为财富丰盛的一个秘诀是，你让心享受，心让你事成。

看似缺钱，实则缺爱

每个女人都要过钱这一关。钱是女人的安全感。身为女性，你敢于谈钱吗？你舍得为自己花钱吗？你觉得赚钱很难吗？你觉得自己重要吗？你认为自己值得更好的吗？

在这些感觉的背后，藏着你几乎所有的关系模式，藏着你潜意识的开关，藏着你的财运密码。

你有多值得，就有多有钱。

而值得感的养成，来自关系，来自爱。

冰山之下才是重点

我们一生的际遇，除了外部条件影响，更多的是我们的潜意识创造的结果。心理学家将人类的整个意识比喻为一座冰山，我们日常的思想、行为和决策这些"有意识"的念头只占

5%，其余95%是隐藏在水面下的潜意识。

潜意识决定着我们看待事情的观点；驱动着我们所做的行为、选择；保存着我们的创伤经验、信念和限制，以及和一切关于我们生命的秘密。

财富心理学就是探索我们被潜意识无形操纵着的部分。也许很多人觉得赚钱很辛苦，并且将其当作天经地义的真理，甚至是命运的安排；殊不知，这很可能只是潜意识里认同了来自父母或祖父母的限制性观念而已。也许有的人总是赚了钱就会花费掉，然后陷入继续赚钱的循环模式，殊不知，这很可能是发生过与钱有关的创伤事件，在她的潜意识里自动形成了"有钱不好"的条件反射，于是继续在"轮回"模式里打滚儿。

如果我们不了解潜意识，就只能被自己的潜意识牵着鼻子走，就像西西弗被巨大的命运推着石头，也推着巨大的命运本身。

要想获得更多的财富，你需要关注冰山之下，你的心理层面曾经和正在发生什么。

你不相信的事，不会来到你的生活

当你相信自己该过什么样的生活时，那种生活就会被你吸引过来。因为你首先在"感觉"里已经"经验"到了。

而你不相信的事，不会来到你的生活。

相信，是一种强大的心理暗示。

如果你不相信自己会过上富足喜悦的人生，那么你就不会有机会体验或感受富足喜悦是怎么一回事——富足喜悦真离你挺遥远的。谁会主动靠近一个对自己无感的人呢？

如果你对一个美好的预期坚定相信，你对它很有感觉，甚至连画面细节都感受到了，那么这种频率就会共振到那个画面的结果，最终有一天，它就会以某种形式，在你的生活中显现。相信，就是你生活的自证预言。

你与父母的关系，藏着你的巨大财富

接纳父母的人，会拥有更丰厚的财富；孝顺父母的人，总是有着更好的运气。因为父母是我们生命能量的源头，无论他们以怎样的方式爱过我们，父母给予我们生命这个事实，都值得我们深深地感恩。

接纳父母真实的模样，你会走向更为圆融的人生。

（扫码即可获得价值5000元的财富课程大礼包，快来深入了解你的心理模式吧！）

3. 金钱与能量

金钱的能量就是爱的能量

金钱,表面上是物质,实质上是能量。

厚德载物,道出了天道,也道出了财富之道。有多大的德就有多大的财。因此,财富无需苦苦追求,人只需做好自己,累积福德,就会像花招引蝴蝶一样,财富自然会被你的福德吸引而来。

囤积无法带来丰盛,流动才是金钱能量的本质。懂得分享的人是智慧的,也是富足的。布施出去,福德回来。捏得越紧握得越少,舍出越多得到越多,想赚到钱就先让别人赚到钱。

财富与能量成正比。意到能量到,每一个心念都会带着一种能量。自私负面的心念会降低一个人的能量场;而平和通达的心,时时怀善念、常常多助人,能量自然高,财富自然来。

厚土才能种大树，厚恩才能成大业。如果一个人始终以匮乏的心态看待金钱，那么他的匮乏感将越来越深；如果一个人始终以欢喜感恩的心态看待金钱，那他的财库就会越来越大。

金钱是一种能量，它是空性的。你可以试着想想金钱的感受：它要面对你的清高，它要面对你的羞愧，它要面对你的避而不谈，还要面对你的不配得感，好像它是一件见不得人，只能藏着掖着的东西……殊不知，这都是你给自己的限制性信念，是你心里的金钱枷锁。

那些财富比你多的人，限制一定比你少。

福报的显化

厚德载物，载的是"福报"。这段话道出了福报的真相：福报可不仅仅以财富的形式显现，而是体现在多个方面。金钱只是福报外在显化的一种。弘一法师说：如果你心眼好，又有德行，那你一定有福报；如果有福报，却没有发财，请不要疑惑；那是你的福报转化成了健康的身体、平安的日子、温暖的家庭和有良德的子孙。

福报就是一个人内在德行的外在综合显化。

勇敢　浪漫

慢有引力 | 一句话治愈

◇ 咨询室的故事：握好自己的人生方向盘

花姐是一个创业老手，她学历不高，是一位寻常人家的姐姐。

不过，她从小就不甘于平庸的生活。兄弟姐妹中，父亲每次说起她，总是以她为傲，因为她的性格最像父亲，倔强、能承担；而兄弟姐妹说起她，知道她永远是那个心气比较高、野心比较大的手足。

花姐和她爱人从事餐饮行业20余年，苦过也累过，好在是赚到钱的。

生意好的那些年，手上的流水几十万元地上涨。花姐为人和她父亲一样，总是热心地支持着身边有需要的人。身边无论是兄弟姐妹还是亲戚朋友，只要开口向她借钱，她几乎从没让对方失望过，二话不说，钱就借出去了，以致自己总是有收入，但不见有存款。花姐在一个南方的大城市租房生活了近20年，从没让自己住上过像样的房子。自己从来没舍得休息过，也没舍得给自己放个假、买几身像样的衣服……硬生生把自己活成了连轴转的赚钱机器，不仅照顾着自己婆家一大家子，还兼顾着娘家的兄弟姐妹……

直到疫情来了，餐饮生意一落千丈，花姐的爱人这时又查出身体出了状况。一时间，一家子的收入立马紧张起来。

此时去向那些向她借过钱的亲戚张口借钱，却没想到遭遇了平生第一次拒绝。她接受不了。

找到我做个案咨询时，是在我大理旅修的现场。我问她你和你父亲有哪些相似的地方？

她仔细一想，还真的是，性格特别相似。

我问她，你第一次觉得别人比你自己更重要，是在什么时候？

她同我讲了一件令她十分伤心的往事……一说起那件往事，她的胸口好像被一根刺扎着一样疼。

我运用一个特殊的心理学转化技术，带她将这份藏在心里几十年的伤心情绪进行了转化，这份情绪里有对家人的不满和愤怒，还有对自己无力改变的深深痛苦。

她跟随我的引导，情绪渐渐平静了下来，慢慢地，她说胸口没有那么疼了，感觉轻松多了……随后的几天里，我在旅修途中带着她和其他伙伴，做了大量的心理学团体练习。现场所有的伙伴，都见证了她从第1天满脸苦涩的样子，到第3天笑逐颜开的喜悦样子。在那3天里，我看到她从一开始的迟疑，到融入团体中全然交托、放松体验的过程，也看到了她在最后一天尽情享受的释然。

这就是心理学的力量。

我知道，属于她的春天就要来了。

没过多久，她在朋友圈发了一段文字：30年的遗憾，今天终于圆梦了。感谢曼莉导师，自从学习心理学后，我浑身充满力量和喜悦。

原来，一直忙于开店的她，30年前就考了驾照，但一直没有时间和机会开车。她发了一个视频，视频中的她正在练车，看她那老练的样子，感觉她就是一个老司机。

我留言说：你早该握好自己的方向盘啦。

她回说：我正在一步一步地实现自己想要的生活。

那个叱咤商海的大女主花姐，又回来了。

当一个人学会了真正爱自己之后，她的创造力便会如泉水般喷涌而出。

热爱
我对生活一往情深

Chapter 05

我唯一锲而不舍,愿意以自己的生命去努力的,只不过是保守我个人的心怀意念,在我有生之日,做一个真诚的人,不放弃对生活的热爱和执着,在有限的时空里,过着无限广大的日子。

——三毛

1. 爱这美好生活

一起活在热爱的世界

你来到这个世界，是老天要经由你，送给世界一份礼物；而这个礼物，就藏在你身上，藏在你的天赋里。所以，请一定照顾好自己，请一定留意那些令你两眼放光的事，那些让你乐此不疲的事情，那一定是你的热情所在。你是如此重要，请活在热爱的世界里，向世界送出那份祝福。

活得热烈一点，哪有工夫不开心

你是不是经常，会在睡不着的时候反思，也会在某一瞬间，觉得自己真的走了很多路，包括学习、工作、心灵成长，甚至感情？而就在思索与悔恨中，你不知不觉地浪费了人生的很多时间……

认知高的人从不会觉得无聊，而是把更多的时间用于睡眠、好书、运动，用于对这个世界的热爱，用于花草树木和山川湖海，而不是将自己的时间浪费在那些意义不大的人、事的反刍上。

当你开始做时间的主人，做自己的主人，你会感受到平淡生活中喷涌而出的平静的力量，至于那些焦虑与不安，自然烟消云散。

真正的成长，不是焦虑的自我怀疑，而是平静的自我接纳；不是被自己的不满驱动着，而是被生活的美好吸引着！

希望出现在你的生命，是一份礼物

又是美好的一天，我又在创造新的可能，我每天都用爱的语言和自己对话，我每天都感恩所拥有的一切，我每天都绽放着自己，我每天都感受到恩宠与勇气。

多读书、多运动，吃健康的食物，规律地作息，我用健康的生活方式滋养我自己，这让我愉悦，并且能量充沛。

我每天都充满着爱，我每天都感受到光，我每天都在感恩着遇见，我每天都能感受到宇宙，给我爱的回应。

我相信我是有价值的，我相信我是值得被爱的，我是一个受欢迎并被需要的人。

我是自由的，别人也是自由的，我接纳我周围的一切，我放松我自己，让生命的河流自在流淌。

我越来越少抱怨了，我减少关注那些负面的信息，我不再给自己制造紧张与不安，我花更多的时间跟我的身心在一起；观察我的呼吸，也观察我的念头，我花更多的时间来到大自然，晒太阳、欣赏身边的一花一木，我发现身边的世界一直那么温柔，而我们之间的联结越来越紧密。

我每天都要为这个世界祝福，我看到了这世界那么多人，都有各自的不容易。

我理解，你有你的课题和命运，我也有我的。

希望出现在你的生命，是一份礼物，我要祝福你，愿你一切安好，被光照耀。

一个人最大的魅力，在于强大的生命热情

一个人的生命热情是非常可贵的。

如果你遇见一个充满生命热情的人，请你一定要珍惜。你会发现，不管他当下处于何种状态，拥有怎样的人生际遇，你一走近他，你就会感觉到他的内心始终有一团熊熊燃烧的烈火，他拥有极强的好奇心与行动力。这样的他，照亮着身边的每一个人。

他自信、勇敢，内心强大，他用"心"生活。

他不害怕失去任何东西，他不怕孤独、艰苦，不怕任何人际关系的破裂；他不会让自己有太多的得失心，他只告诉自己

勇敢前行。

他不盲从世俗的标准，只活出自己的个性人生，他焕发着旁人无法比拟的人格魅力和生命力。

他会把人生的一切都当作极致的体验。无论是高光时刻，还是低谷时分；无论是遇到悲伤痛苦，抑或面临人生的至暗时刻，他都当作体验，当作一个短暂的游戏。

人生本空性，全在于过程，而不在于结果。当你明白了这一点，那么你对生命的热情就会自然迸发出来，全然投入生命的河流中，并由此形成一个强大的正循环。

每个人的人生都是限量版。

要绽放，要热情，要尽兴呀！

热爱是一切答案和理由

研究显示，超过 75% 的人每天醒来不快乐，对自己的工作毫无热情。可是实现生命中最在乎的事，找到人生热情所在，不才是一个人最重要的事吗？

没有人可以比你更好地成为你，你来到这里就是为了活出你的伟大、热爱与独一无二。这是你天生的权利，再无其他。生命如此神奇，超乎你的想象，你会爱上你所热爱！

2023 年，当我第一次完成"国际热情测试"时，结果令我十分惊讶：原来我的第一生命热情竟然是自由旅行，我的第二热情是成为知名心灵导师。为什么令我惊讶呢？因为我发现，原来我过往的生命就是按照这个轨迹在走，曾经伏线千里，只是当时我没有发现这个脉络的存在！

于是我明白了为什么在人生的重要关头，我会做出那样的选择。比如，我宁愿放弃高薪和高管身份，转而进入心理学领域，那是因为我本性对自由的向往，因为我对生命事业有一份发乎于心的热爱。

就在我做完那场"国际热情测试"后不久，我真的按照我的生命热情去深度践行了——2024年4月，我在大理举办了我的第一场线下心理学旅修活动，把"自由旅行＋心灵导师"完美地结合起来，取得了空前的突破。心理学旅修这个领域从来没有人这样做过，所以没有样板可参考，没有模式可借鉴，而且是跨越千里去大理举办。所以，过程中的难度可想而知。但恰恰因为这是我的热情所在，即使面对漫长的准备期，面对大量的异地沟通、物资安排与协调、不确定性的应对，我还是排除万难，把它一步步地从构想变成了现实。这就是热情的力量。

尽情去展现你的热情吧。在你所热爱的领域，所有的人、所有的地方、所有的事都会在你的生命蓝图上徐徐展开，然后放手、臣服，去体验这场生命顺流而下的奇迹。

无论何时，当你面临任何选择、决定或机会时，请你永远选择你的热情所在——专注热爱，释放天赋，相信生命会带我们体验最适合的成长道路，因为那是你源源不绝的能量源泉，即使面对挑战，也依然能够随时启动能量开关。

体验与表演

要体验生活,而不是表演生活。

我们为体验这些可怜的、美妙的、灿烂的感觉而活;因为每一种被我们排斥的感受,都是一颗被我们熄灭的星星。

想要点亮那漫天的繁星,好在黑夜神奇的国度活得丰盈而深沉。

我对生活一往情深

> 生活不是我们活过的日子,而是我们记住的日子,我们为了讲述而在记忆中重现的日子。
>
> ——加西亚·马尔克斯

我会记住,我也将讲述,这一天是金色的,
然后我的讲述,会这样开头:
我来过,爱过,痛过,舞过……
我对生活一往情深。

今天,我深深地看见

今天,我"看见"了我自己。

今天,我看见自己正在爱的频率。

今天,我看见一万朵花在绽放。

今天,我看见春天,没有方向,只顾开花。

今天,我细细地咀嚼着食物。

今天,我看见了孩子纯真的玩闹。

今天,我看见了陌生人的伤心事。

今天,我看见滴滴小哥有些困了,他打开手机音乐,播放起《父亲的散文诗》。

今天,我看见了妈妈在心上朝我微笑。

今天,我看见了自己的温柔。

今天,我看见了一整个街道的樱花,有些热烈,也有些寂寥。

今天,我深深地接受目之所及的一切。

这颗爱的种子,正在我心田拔节长高。

今天,我全身心地活出自己爱的生命潜力。

今天,我看见了自己,也看见了生命蜕变的可能性。

今天,我深深地爱着自己,在心里为自己唱一首歌。

今天,我将爱留给自己,也流动给身边的每一个人。

今天,我就是那个倒影,我也是爱本身。

在那一刻,我看见自己,也看见了你。

一个被看见的生命，临在，平和，且谦卑。

与生命共舞

> 每一个不曾起舞的日子，都是对生命的辜负。
>
> ——弗里德里希·威廉·尼采

起舞的不一定只是舞步，而是在每一个起心动念、骨头发痒、心弦拨动、身体的律动里，自在地"流"。

那是一股强大的生命律动。

从指尖，到心轮的深处；从骨头，到血液的流动；从发丝，到毛孔的打开——就那样地，律动起来。

那样的时刻，用不着头脑，无须解释，无法说清，是什么触动了你；而你的身体，知道全部答案。

心痛、碎裂、飞翔、旋转、跳跃、欢腾……

觉察、专注、臣服、静默、柔软、慈悲……

那一刻，潜藏在身体里的昆达里尼之火正在升腾，正在燃烧，正在闪闪发光。

那一刻，你来到一片深渊前，对镜凝视，开始了平生第一次的沉默。

这是一次比一次更深的看见,比深更深的照见。

好像从来没有,看见这样的自己。

好像从来没有,这样地看见自己。

成为你自己,这条路从来都不轻松容易。需要穿越,需要勇气直面,需要智慧,需要机缘,也需要借力。

知识并不能疗愈你,感觉和体验可以。它们可帮助你实现第三次成长。

回到身体的智慧。

回到宇宙的智慧。

回到生命的智慧。

如果你的生命不曾向内深挖三步,你的生活就难以向外跨越一大步。

与生命共舞,与命运共舞,与关系共舞,与自然共舞,与自己共舞。

让灵魂永远纯粹,在饱满的精神世界里,闪闪发光。

让你的生命翩翩起舞,这样的体验和感觉,哪怕仅一次,就好。

你看不见风,但风向你吹来

你看不见风,但风向你吹来;你看不见爱,但爱向你涌来。狐狸对小王子说,重要的事情,用眼睛是看不见的。

只有用心,才能看见。

2. 爱一个人怎么会痛苦呢

爱是一种信仰

伯特·海灵格说:"爱是看见彼此。"

当我们深情地说出"我爱你",我们实际上是在向世界宣告:"我看见了你,我理解了你的存在,我尊重并珍视你的独特性。"

同时,"看见"也是一种自我觉醒与自我实现的过程。在"看见"他人的同时,我们其实也在"看见"自己。在理解和接纳他人的旅程中,我们不断地认识自己、完善自己。

爱一个人,是一件简单的事。就好像用杯子装满清水,清清凉凉地喝下去。你的身体需要它,并感受到健康和愉悦,以此认定它是一个好习惯,所以愿意每天重复。

如果爱一个人,没有成为一件简单的事,那一定是因为感情深度不够。

怀疑、挑剔、解释、拉扯、要求和期待……恨不能让对方高举双手臣服于你。但即便对方臣服了也并没有用，你还是气从中来，因为你就是不够爱这个人，所以他多说一句话都会有错。

年少的爱情带着年少的气盛，似乎总要血肉横飞才算快意，置身其中并不懂得宽悯与慈悲，除了索取还是索取，最常用的质问必是：你为什么不再爱我？仿佛爱是所有企图的终极。

要过很久才会明白，爱不是一个事件，一个答案，一种结果，甚至也不是一种追寻。

爱只是一种思维方式。一个可遇不可求的机缘。它是一种信仰。

爱情更像是，你独自在荒凉旅途中，邂逅的旅伴。夜晚花好月圆，你们各自走过漫漫长路，觉得日子寂寞，然后你们遇见了。你们互邀在山谷的梨花树下，摆一壶酒，长夜倾谈。

爱情是你们愿意在彼此生命的某一段时间里，彼此互换历史、呼吸、记忆，以及时间的信任，交换各自生命中重要而隐匿的部分——只是交换与看见而已，却对对方并无所求。

因为你们在以独立完整的自己走向彼此之前，都走过了很长很深刻的自我探索之旅。你们是一个独立完整的人遇见另一个独立完整的人。所以，你们可以自在自如地在关系中看见彼此，陪伴彼此——而这个关系，恰好有一个名字，叫作爱情。

爱是怎样起作用的

我们观察生活中有些人，寻寻觅觅，苦苦寻找一辈子，似乎也没有得到真正的内心满足。而有些人，一直活在当下，活在喜悦和富足的频率里，人生一直在显化美好，显化富足，过着令人艳羡的生活。

一旦你的内在被爱和光明填满，你就会不由自主地向身边的人和世界传递你的爱和光明，这是无法抑制的美好流动。

爱不是祈求与寻找，爱是爱满自溢。

爱一个人怎么会痛苦呢

爱一个人是非常自然的事情。

如果你爱一个人，不应该是痛苦的，爱是一件美好的事情，好好去享受爱的感觉。

爱情是一种融入。就好像你融入他，他融入你，你完全被他看见，然后他也完全看见了你。然后你在他那里得到了完全的信任，以及流淌全身的爱的能量，这就是完整的爱情。

爱情是自然发生的，你的经验、特质都包含在内。它没有什么逻辑可以去寻找，它就是发生了。

人们之所以因爱情感到痛苦，是由于人们太想抓住这个能量不放,对它寄予了太多想象和期待,所以就演变成了痛苦。

被爱过的人

总有一些人,一眼就能看出被爱过的痕迹,他们好像自带爱的能量场。这样的人,往往非常喜欢自己。儿时得到过充足爱的小孩,就像一棵小树苗,是在有爱的环境里长大的,他们生来就有一个使命:绽放自我。

爱自己的人,活出自己的光,并吸引全世界都来爱他。

对于爱自己的人来说,爱与被爱都是很轻松自然的事情,他们不会因为爱上一个人而低到尘埃,盲目和忘我付出,而是通过爱自己的方式来提升魅力。

当爱情来临

当爱情来临时,懂得爱自己的人,会认真地付出,从不因为深爱而多疑或者纠缠,给足对方自由和空间,善于保鲜爱意和情分;因为他们不需要从对方那里求得安全感,爱情对于他们而言就是一种生命体验,但不是全部。

当爱情走失时,懂得爱自己的人,依然能够释怀和坦然,愿意接纳缘分的走散,不去报复或者强求,让该来的来,该走的走,一切都随缘,特别看得开、想得通。

爱情的真相不仅是两个人相遇,而是一个真我的灵魂绽放，遇见另一个真我的灵魂绽放，他们的舞步刚好在时间的无涯中，完美地一致了。

爱情是什么

有一天，我翻出10余年前的一本书，扉页上随手记下了一段话。今天再看，依旧很有感触。

"爱情我觉得，是举手投足之间，感恩惜福的传神意会；就像两只蝴蝶，不用绳子绑着，若即若离，相互围着一个无形的中心，飞舞着前行。"

悲伤的尽头是爱

如果你失去所爱的人，你会泪流不已。然而你的泪水到底是为自己，还是为那逝去的人而流？

如果你是为了自己而哭，还能算是爱吗？你哭是因为你落单了，你感到孤单无助，你对自己的处境满腹牢骚，总之是那个"你"在哭泣。

如果你真能洞察这件事的本质，就像你摸一棵树、一根柱子或握一只手那样直接，你就不难看出悲伤是自创的，是念头引发了时间感造成的。

不认识热情为何物的人，永远无法了解爱；因为只有在彻底舍弃自我中，爱才能出现。始终在寻觅的心，无法热情奔放。当你停止寻找它时，你反而可能与它邂逅。这不能靠努力或经验而达到，只能在毫无心机的情况下，才能巧遇。

你会发现，这种爱超越了时间的范畴，它既属于个体，也超越了个体的界限；它可以是专一的，也可以广泛而包容的。就像一朵花的芬芳，你可能闻到它，也可能毫无觉知地与之擦身而过。那朵花为每一个人绽放，包括那个在它面前深吸一口气并且愉快地注视着它的人。无论人们站在花园内外，对那朵花都毫无影响，它只是自然地让所有人都能分享它的芬芳。

爱是新鲜、活泼而充满生命力的，它没有昨日，也没有明天，更不受杂念的干扰。克里希那穆提说："当你已经不再寻找、不再渴望、不再追求了，爱就出现了。"

被爱的证明

求认可，求表扬，求在乎，求感谢，求抱抱，求倾诉，求关注，自卑或自信爆棚，往往是因为缺爱。他们希望借由外界的反馈，来证明自己被爱着。

要看到这些诉求，其实也是求救的信号。缺爱的体验一直在那个未被满足的内在小孩的潜意识中，并且成为他的自动运行模式。他没有智慧分辨这是自己的功课，以为外界能够给他答案、给他爱。

不妨引领他向内看，去看那个内在小孩，去拥抱那个曾经受伤的自己，从而完成与创伤的和解以及与自我的整合。

勇敢放手吧，不要为不爱你的人停留

不断地暗示自己：我拥有很多很多爱，我爱自己胜过爱别人，我值得被你宠爱。

我不要对他言听计从，我有我的计划和节奏，我的安全感来自我自己，我绝不和不爱我的男人纠缠，我拥有整个宇宙的爱，我既能融入热闹，也能享受独处，我是我自己最大的支持者，我不再进行任何自我批判和自我攻击，我是超级幸运儿，我一定能遇到我理想的伴侣，我准备好迎接爱情了，我值得拥有充满爱的生活，我过自己喜欢的生活，爱我想要爱的人，除非我愿意，否则没人能够伤害我。

我会找到属于我自己的道路，我不被任何人定义。

属于我的终会到来。

我值得一切美好。

我看到爱，我感受到爱，我就是爱。

3. 爱自己第一

爱自己，是终身浪漫的开始

> 我一直在寻找一个人，这个人能鼓励我，支持我，启发我。能让我专注，让我快乐，并无条件地爱我。后来我才意识到，从始至终，这个人都是我自己。爱自己，是终身浪漫的开始。
>
> ——奥斯卡·王尔德

作为一个生命的种子，我们每个人生来就带着爱和喜悦的能量。它一直在我们的真我里层。

在真我的外面,包裹着身体、情绪、思想。层层包裹之下,爱被隔膜了。所以,我们会以为没有爱、没有喜悦、没有平和。

我们以为,就像想吃一个冰激凌,我们就可以去商店购买一样,我们以为想要的东西都在外面的世界。殊不知,这是很大的误解。我们想要的东西,一直在里面。

爱自己是觉察自己的情绪,保持正念,感受活在当下的美好。

爱自己是接纳自己的情绪,对自己进行积极的心理暗示和自我肯定对话。

爱自己是带着欢喜心做喜欢事,如写字、唱歌、在森林里散步。

爱自己是常怀感恩之心,留意生活中的美好,感恩今天所拥有的一切。

爱自己是听从自己的内心,想拒绝的时候就温柔而坚定地拒绝,有不在乎别人的勇气。

爱自己是断舍离那些弃之不用的东西、不舒服的关系。

爱自己是坚定地相信,我值得拥有这美好的一切。

当你真正爱自己，才真正开始爱上生活

> 任何命运，无论如何漫长复杂，实际上只会反映在一个瞬间：人们大彻大悟自己究竟是谁的那个瞬间。
>
> ——豪尔赫·路易斯·博尔赫斯

一个人不懂得爱自己时，你可能会去享受美食、享受物质、享受外在的东西，却难以有触及灵魂的交融。这样的爱，生活是生活，你是你。

不会爱上生活，也就不会用心去生活。不会用心生活时，你就会发现，生活和你想象的不同，生活没有你想象中幸福，也没有你想象中美好。

一个人开始爱自己之后，就会拓展出更开阔的内在空间，发展出更博大的爱的品质，就会发现爱满自溢，你不仅爱自己，还爱这个世界！你的生活从此变得与众不同，你就会明白生活远比你想象中要美好很多；当你感受到了人生美好时，你就会发现，你这才开始真正爱上生活。

每天发现 5 件值得感恩的事

让自己内心富足的最好方法，就是不断去感恩周围的一切；让自己充满力量的最好方法，就是不断去祝福周围的一切。

祝福，会让你内在的爱源源不断地流向世界；感恩，会让宇宙的爱源源不断地流向你的心底。

每天发现 5 件值得祝福和感恩的事，会让你的生命发生奇妙的变化。可以感恩当下，也可以感恩过往，带着喜悦与快乐，去想象、去感受，让美好的能量在你的身体里流动。

放松地躺着或者坐着，慢慢地调匀呼吸，注意力收回自己身上，在心里回想生命中所有帮助过你的那些美好的人，以及你做过的那些美好的事，回想那些对你心灵成长具有重要意义的时刻……在心里对他们说："谢谢。"

谢谢你们来到我的生命，谢谢你们滋养着我，爱着我。

我赞颂我和所有的生命融为一体，因为我知道我们彼此相连。

我相信一切是为我而来，不是冲我而来；我相信一切都是最好的安排，我相信宇宙的丰盛属于每个人，我相信爱的种子正在快速发芽，我相信我正在宇宙的怀抱，被深深地爱着；我无限感恩，我们在这里相遇。

爱你就是爱世界

曾经，我们习惯了在生活中参与各种竞赛，与隔壁老王比赛，与邻家小美比赛，与别人的孩子比赛。这是因为我们把生活的目标建立在外面，投射在他人身上。

可真相是，别人并不重要，你才是全世界。

你看，自尊、自恋、自立、自强、自爱、自私、自己、自许、自觉、自由、自信……都是围绕"我"而发生的，我们所有的向外呈现的动作，实际都是指向内。

也就是说，我是一切痛苦的根源，我也是一切丰盛的源头。阿德勒说：决定我们自身的，不是曾经的经历，而是我们赋予经历的意义。

你不必成为别人眼中的某某。爱好自己才能爱好别人，爱你就是爱全世界。只有当你过得内外和谐了，你才可以放得下；否则，你会死死抓住那些已经消逝不再属于你的东西、那些外在的人和事来折磨自己。

亲爱的，外面没有别人，只有你自己。所有外界的一切，其实都是自己心理的投射。一个人只有真正地认识自己、接纳自己，才有可能更好地去爱别人，以及爱这个世界。

伟大的旅程

生命是一场自我发现的旅程。发现这个世界的美好，发现人生是如此地鲜活，发现内在光明、温暖、喜悦俱足的自己，发现自己的天命并且活出来，是一趟伟大的旅程。

在生命的道场里，没有好与坏的定义，一切的发生都是空性、背后都隐藏了巨大的礼物。一旦放下对小我的执着，全然接纳这份礼物，去体会它的光与影，将生活的重心转为利他，你会发现，原来压得你喘不过气的东西，如对名利的殚精竭虑、对情感的患得患失，瞬间变得云淡风轻了；你就逐渐活出了开悟的菩提心，活成了光和爱的本身。

如果你对生命开悟的追求，不能提升你见证和疗愈人类同胞痛苦的能力，那么这就是虚假的开悟。

无用之用

庄子说："无用之用，方为大用。"

生活中有很多看起来无用的事情，比如，看个画展，听个音乐，赏个花，在森林里散个步，和朋友聊一个愉快的长天……

说它们无用，是说它们并不会马上带来直观的收益和产出，即"不能当饭吃"。然而，从无形的层面来说，我们的心灵获得了大大的滋养。这个收益远远超过吃饭。

美国《华盛顿邮报》曾评选出十大"奢侈品"，结果令人耳目一新：

（1）生命的觉悟；

（2）一颗自由、喜悦和充满爱的心灵；

（3）走遍天下的气魄；

（4）回归自然、与大自然联结的能力；

（5）安稳而平和的睡眠；

（6）享受真正属于自己的空间和时间；

（7）彼此深爱的灵魂伴侣；

（8）任何时候都有真正懂你的人；

（9）身体健康、内心富有；

（10）能感染他人并点燃他人的希望。

以上 10 项看起来似乎没有一项在我们世俗所求的"有用"范围之内。然而，这些看不见、摸不着、不能当饭吃的"无用之用"，为我们提供了足够的精神营养，是为大用——虽不能锦上添花，但可以雪中送炭，足以抵抗人生的虚无与至暗。

是的，从物质世界的角度来看，它们无相可显，但是从精神世界、灵性世界和情感世界来说，它们提供了充盈丰沛的生命能量，让一个生命因此而走向圆融自在，这是多么大的奢侈啊！

我们欣赏一个人，本质上是欣赏他绽放的生命力

绝大多数人的喜欢是始于颜值，敬于才华，久于善良，终于人品。这也呼应了一个人从表到里的不同层次：外貌、能力、性情、品格。

我们对一个人的喜欢，对一个事物的追求，也有一个由表及里的过程。

肤浅的喜欢，只能得出肤浅的结论；深刻的喜欢，方能触达灵魂的本质。

大多数人不需要事实，只需要安慰。就像大多数人不需要意见，只需要倾诉。比起残酷莫测的不确定现实，人们更喜欢待在安全的人生浅水区，戏说大海深蓝之上发生的有趣故事。

只有那一小部分，极其微小、勇敢而孤独的一部分，为了某种不可理喻的热情忘我地燃烧生命力，远离通常意义上的人生阶段、固定程式与所谓的圆满，决然跟随内心跳入自身宿命的人，才有资格逃离重复可见的一生。

我们欣赏一个人，本质上是欣赏他绽放的生命力。绽放是一个人对其生命本身最高的敬意，它穿透颜值，跳过能力，直达品格与本质。

◇ 慢有引力的故事：去有风的地方旅修

2024 年 4 月 13 日，我在大理如期举办了我的一场线下心理学旅修活动——第三次成长。我和来自全国各地的慢有引力粉丝朋友，一起度过了别有意义的 4 天，在彼此的心田里留下了满满的金色印记。

为什么会有这次旅修呢？

这要追溯到 2023 年 7 月，我第一次参加"国际热情测试"的课程体验。在这次深度的体验中，我探索到我的生命第一大热情竟然是旅行，第二大热情是成为知名心灵导师。而心理学旅修，就是在旅行中见世界、在旅修中见自己——完美地融合了我的两大生命热情。难怪我一念起，就心心念念、排除万难也要办成。

大理的这次旅修，是我们记忆中反复重现的金色日子。

每个人内心深处都有一个沉睡的巨人。一旦被唤醒，将释放无穷的潜力和威力——这是我在大量的身心课程学习之后获得的深刻体验与身体实证。

为什么叫"第三次成长"呢？如果把人的身体发育称为第一次成长，把知识的学习和头脑的武装称作第二次成长，那么，人的第三次成长，则是关于心灵和智慧的成长。

每个人都期望活出绽放的自己，活出光和爱的特质；生命要实现这种能量级的跃迁，重生或新生，要么从内打破被痛醒，要么从外击碎被唤醒。无论哪一种，都需要一个契机、一个出口。只有跳脱日常生活的轨道，纵身一跃，跳进未知与好奇的列车，才会领略生命本身的奇妙和丰美。比如，一次深度的旅修，一场说走就走的旅行。

旅行见世界，旅修见自己。找不到答案的时候，就去看看外面的世界。我就是亲身受益者。

每一次出离，每一次归来，眼界都与从前不一样。那是因为，我们从琐碎的日子里偶尔出走，来到一片陌生之地，来到了一个更大的场域，和世界交换了能量，也交换了一份好奇。在旅行中，我们的"五感"更加敏锐，我们的内心更加敞开，我们整个人都更加鲜活，我们更加能够感受到自己与外界的流动，而不是日常生活中例行公事的暮气沉沉。

比起走马观花、缺少灵魂互动的旅行，我们更需要在一个合适的契机，让心灵的缝隙悄然打开，让内在的空间悄然扩大，借着异乡的枕头、旅人的肩膀、新鲜的流动、更大的场域，暂且做一个放松又斑斓的梦——出离，再归来，一定是一个全新的你。

对于我来说，无数次与世界交换好奇的新鲜体验，构成了我旺盛生命力的源头；一次又一次心灵成长的洗礼与体验，整合了我内在的力量和自我。

这次旅修，我们创建了一个美好的场域，吸引了一群美好的人。我们在大理租了一个独立的院子——一个距离洱海步行只需两分钟的美丽地方。我们在这里讲述，聆听，做梦，静心，舞动，释放，流泪，静默，相互看见，深度陪伴……

为什么和妈妈总有一份不够亲密的感觉呢？优雅的姐姐在真诚的分享中，不经意间有一份情绪在流淌。当我们沿着这份情绪的表达去探索时，不经意间触碰到了内心的柔软……

为什么总是感觉自己很受伤，好像周围的人都不理解我？在更深的个案探索中，我们去看见自己的模式，跳出这个受害者的框框……

为什么这些年一直在消耗自己，财富来了又去，导致现在没有力量再创造？在深深的看见与陪伴中，原来潜意识里压抑着很多的委屈与愤怒，而它们竟然从来没有被看见过……此情此景，就连给我们拍摄的男摄影师，也被感动到。

我首先引导大家去看见，再引导大家去转化。发生在生命中的所有事物都是一份礼物——当潜意识被意识化，改变就悄然发生了。

我们每个人都遇见了一个全新的自己。

在旅修中，我运用专业的心理学技术带大家现场进行团体疗愈，我们在苍山半山腰的茶园间静心冥想，面朝洱海、背靠苍山，成为行走的"苍山派"，我们在民宿的壁炉前燃起篝火，弹着吉他，喝着小酒，开起醉人的音乐会……

在大理旅修的每一天，都像做梦一样：美食，美景，美好的人，美好的情意流动……我们在一起探索生命中重要的五大关系，我们也在音乐与舞动中唤醒心中的爱与慈悲。

沿着苍山脚下的公路盘旋而上，我们抵达苍山山腰处安静无人打扰的茶舍，真正见识到大理的桃源生活：苍山环抱，古树悠悠，面朝洱海，境界全开……

在寂照庵的那个下午，松风不断，文艺飘香。我们一行人露天而坐，吃完寂照庵的斋饭，我们在后山的树荫下悠然地聊着天。马蹄莲肆意地盛开，寂照庵的多肉都是有福气的精灵，弹吉他的帅哥有很好听的嗓音，还有一个自由的灵魂，恍然觉得在忙碌的生活中，这样安静地坐着已经是一种久违的奢侈。

更治愈的在后面呢。在旅修的民宿，我们遇见了两个可爱的人：女主人妮子和男主人毛哥。一进入民宿，就有满满的回家的感觉，在民宿的一周，我几乎没有任何外出的欲望，只想窝在民宿里——每一处都是那么妥帖、放松又自在。我们旅修期间的一日三餐，都由两位主人亲自负责，妮子每天都会亲自到集市上采买新鲜的瓜果蔬菜，大理本地的蓝莓和樱桃正应季，个头小巧味道极甜。每天的正餐从不重样，好吃到停不下来，有时毛哥亲自下厨操刀。对于热爱美食的吃货们来说，能吃上主人用心烹制的每一餐，是客人的荣耀。这样的奢侈体验，是米其林餐厅也比不上的！曾有很多知名人士为了妮子家的美食，寻味而来。这份家的感觉自我们进门的那一刻起便萦绕在心间。毛哥叮嘱说他会回来关门，妮子则细心地给我们升起壁炉怕我们冷……在很多的细节里，我们被当作家人一样对待。

人啊，是会被爱滋养和疗愈的。

大理旅修回来后很长时间，我们都在回忆、回味，满满的回甘。那些美好的日子，几乎打包了我近10年的所有美好体验。

我邀请了摄影师，给旅修的女性朋友们拍了美美的照片。每一个人都值得被看见。有多少女性，消磨在日常琐碎、一地鸡毛的生活中，忘记了自己的美丽。看着照片上一张张如花的面庞，我不禁感叹：作为女性，生命本该如花绽放；这种感觉，实在太好了！

我们在短短几天的旅修过程中，完成了一次心灵的升华——内在的空间扩大了，凝滞的表情松动了，女性朋友们的笑容更灿烂了，生命的河流更澎湃了……

第三次成长，正悄然地发生着，且继续生发着……

（扫描二维码，与我一起踏上心灵之旅，共同修炼内在世界吧。）

世界　Chapter 06
要爱生活，不要爱生活的意义

爱具体的人，不要爱抽象的人，要爱生活，不要爱生活的意义。

——陀思妥耶夫斯基

1. 静默会加深

拥抱一棵树

树木里寄宿着生命。
树木正在对我倾诉。
拥抱一棵树,找到治愈的能量。
拥抱一棵树,并成为它的能量。

祈祷

一路走来,经历过嘲讽打击,经历过困顿怀疑,经历过无礼傲慢,经历过冷漠拒绝。

不要去嘲笑一个有信仰的人,因为他双手合十的祈祷里有你。

你相信什么,就会吸引什么

心理学上有个吸引力法则,是说意念的力量。

凡你相信,就会吸引。

世界是一面镜子,照耀着我们的内心。

你的内心是什么样,你看到的世界就是什么样。

你相信善良你就吸引善良,你相信真诚你就吸引真诚。

你选择抱怨,内心就会充满痛苦、绝望和黑暗;你选择感恩,世界就会充满希望、爱和阳光。

你的心念集中在哪里,就会得到什么样的未来。

唤醒

将一个人唤醒是对这个世界最大的功德,

你自己醒来是对这个世界最大的贡献。

生命中总有一些"光",会抚平你生活的皱褶,善意的传递是一场不平凡的双向奔赴。

渡人是一种价值选择,这种被需要的感觉,给我们心灵深处以慰藉,也培养了我们更豁达的心态。

心中有光、手里有灯的摆渡人,照亮了别人,也温暖了自己。而一个温柔对待世界的人,最终也将会被世界温柔以待。

独处是最好的修行

我们一生最重要的课题,不是见天地,不是见众生,而是见自己。

有些路,只能一个人走。

奥普拉·温伟瑞说:所有那些独处的时光,决定我们成为什么样的人。平庸的人用热闹填补空虚,优秀的人在孤独中成就自我。独处,是一个人最好的修行。

一个人能够独来独往,证明他能自给自足、自洽自在;一个人能够独来独往,证明他不会为了别人去迁就。他不会扎堆,不搬弄是非,不会为了人际关系去处心积虑。

通常这样的人,更接近单纯。

一个能享受孤独的人,内心是富足的。他可以看书,可以旅行,他对待别人的时候足够真诚,当朋友不在身边的时候他能够独来独往而自洽,他能够周而不比而定慧,他能够神交云游而乐享,何独之有?

独处时,我们与自己相处,撕掉身份的标签,会更加单纯地回到我是谁,笃定自己想要的是什么,会触碰到更真实的内心感受,从而穿越迷茫,找到自己的节奏,明自己的心,见自己的性,此时"在满园弥漫的沉静光芒中,一个人更容易看到时间,并看到自己的身影"。

如此纯粹

你可曾安静地坐着,既不专注于任何事物,也不费力地集中注意力,而只是非常安定地坐在那里?

你会听到远处的喧闹声,以及近在耳边的声音,这意味着你把所有声音都听进去了,你的心不再是一条狭窄的管道,而是一片空间,它在悄然扩大。

有些地方,开始松动了……

创造出一个空间,与心联结。在无常、无我与归零的智慧里深耕自己。不然世界的苦难令人无法承受,我们会因此变得麻木不仁,或者变得愤怒。

凝视深渊,但不要为之驻足。要前行。

现在,去坐在一个有阳光的地方,一个温暖的地方,或一棵树下,沉浸在原地。

天那样蓝,树那样安详,你是如此纯粹。

深吸一口气,穿越这一切,让一切穿越,成为纯粹的存在。放下,享受,此刻。

你现在,感觉如此温和,如此安全,如此宁静。

选择

你和谁在一起,就会成为谁。选择和爱在一起,你就拥有爱,选择和光在一起,你就成为光,选择和美在一起,你就变成美。

我们如何告别，那些有缝隙的时刻

小时候，农村的活动范围有限，与外界的其他交换少之又少，除了新年。因为新年到，意味着亲戚朋友要来了。家里会变得特别热闹。可热闹过后，客人总是要离开的。作为被留下的人，离别的失落在我心里扎了根。

生命中的客人走了又来，来了又走，有过热闹的对比，就更加受不了那种被抛弃感。所以，很长一段时间我几乎不参加任何散伙饭局。

成年人有一种模式：当感受到别人可能要抛弃我时，受害者心态便会出现——我最好启动自我保护模式先把对方抛弃，从而避免自己受伤。因为我不愿经历"被抛弃"的痛苦。

走的人总是比留下的人轻松。因为走的人，至少有一个新的目的地，至少是主动选择，会处于权力的更高点；而留在原地的人，则丝毫动弹不得。所以成年后，我选择做那个离开的人。这大概是我喜欢不断出发的理由。

但是这样，真正的疗愈并没有发生。

北岛说："你没有归来，这正是离别的意义。"

李雪琴说："我们抬起头，可以看到数万年前的星光；然后转过身，就可以看到彼此，这是人与人之间的浪漫。"

千江有水千江月。如果时光倒流，我希望是我，做那个留下来目送你离开的人——我看着它发生,我知道这个把戏的本质,我会对那个留下来目送客人背影的孩子说:让我来。

把自己放在更大的视角里,原来我们从未分离。那些我们独自咀嚼的时刻、怅然若失的时刻,正是我们的内在开始有一丝松动、闪出一道缝隙的时刻。

关系的维度

初级的人际关系是,你很好,我需要你,感谢你。

高级的人际关系是,你的出现,让我的生命更圆满,感恩有你。

最高级的人际关系是,祝福你一直这样闪闪发光,而我永远为你热泪盈眶。

2. 世界那么大

见过世面

见过世面,不是去某高级餐厅用过大餐,也不是到世界各地旅行一圈,而是当人性在你面前徐徐展开时,各种行为暴露在你面前时,你却如此宁静。

因为懂得,所以慈悲。

不卑不亢,云淡风轻。

高级感

美,可以很简单。而高级感,是很难得的事。

你有没有发现,总有一些人,一举手一投足,都自带一种高级感,让人产生极度舒适的感觉。

同样是穿衣，可能你穿的比他贵，但你就是不及他有高级感；即使你名牌加身，他布包一个，也不影响他在人群中暗光浮动。

同样是舞台，可能你妙语连珠、滴水不漏、气场全开、掌声雷动，而他朴实无华、不疾不徐，真诚心流，娓娓道来，但你就是没有他打动人。

光而不耀，静水深流。过于耀眼的东西，是一个警醒。《道德经》有言：信言不美，美言不信；善者不辩，辩者不善。君子之才华，玉韫珠藏啊。

放肆是喜欢，克制才是真爱。一个人的高级感必是来自适度的克制，稳定的内核，高度的凝练，独特的审美品位，以及恰到好处的点到为止。

无减法，不高级。

有所为，有所不为。从事物上剥离那些华丽的装饰和修辞，让一切尽量回归事物本身的简单与纯粹。

无底蕴，不高级。

一个人的审美和品位，是被时间和思想雕刻出来的经验产物。一个人高级感的养成，绝非一日之功，没有任何巧道可言。你怎么可能用一年时间去完成别人10年、20年读过的书、走过的路，以及见过的人？

但凡你看到一个人富有气质、自信沉稳、遇事不慌、自信大方，满满的高级感，不用怀疑，这一定是极具气量、智慧、金钱、学识和能力的人。因为你的气质，是你灵魂的长相。而无形的东西永远掌握着有形的物质。

无真诚，不高级。

不要误会，真正的高级不是背对世界，独善其身——那是漠然。恰恰相反，真正的高级，还包括看清了生活的真相但依然拥抱这滚烫的人生。

既出世，也入世。

无留白，不高级。

有高级感的画面，常常会有大面积的留白。

有高级感的空间，必是宽敞开阔可容性强。

有高级感的人，懂得爱惜自己的羽毛，边界清晰，质地精良，克制且内敛。他们既刚也柔，既不妥协也不设限，做事做人发乎于心，他们有自己相对完整的精神世界。

一个有高级感的人，他的内外空间都很大。这不仅是说他的自我空间大，并且他给到对方、给到世界的空间也很大。

那就放手吧

如果一个人像一道阳光走进你的生命，你感受到精力充沛、热情、有灵感和深刻的链接，你的能量状态得到了巨大的提升，这就是正向意义的关系。

如果一个人的能量层级比你低，总是给你传递负能量、向你索取正能量，这种"情感扶贫"就会消耗你。彼此的能量差总有一天会无法推动关系向前发展，这段关系就会失去生命力，无法继续。

其实不是彼此的问题，只是因为彼此处在不同的能量层级。万物皆有吸引力法则。你的能量越高，越会发现身边虽然朋友少了，但并不孤单，因为你能联结到与你同频的人。好的关系，势均力敌。

同频的人，总是会重逢遇见；

不同频的人，就放手走散吧。

要爱生活，不要爱生活的意义

有人说，时间像盲盒，茂密丛生的日子，有刀锋，也有鲜花与鸟鸣。

世间之爱，山高水阔，爱天空、大地，爱河流、荒草和花朵，爱男人、女人，爱老人、孩子和痛苦。

有时候，是为了航程全力以赴地划桨；有时候，是放下所有控制，跳进生命的河流，顺流而下，全然放松，只见沿途的河岸藤蔓、礁石，和半山腰上盛放的白色蔷薇。

要爱具体的人，不要爱抽象的人；要爱生活，不要爱生活的意义。一念起，你爱万物，万物也爱你，你知不知？

从你的世界路过

我们这一生,要自己上路。
路过踌躇满志,路过困顿破碎。
路过傲慢无理,路过世俗功利。
路过山高水长,路过喧嚣寂静。
路过爱与哀痛,路过颠沛流离。
路过幡然醒悟,路过夜幕降临。
路过接受理解,路过自己的一生。

我们为什么要旅行

青山不语,我看见了它,它也看见了我;大海不语,我看见了它,它也看见了我。

不就是因为那些遇见的人,特别的瞬间,心流的时刻,照见的青山,以及金色的记忆?

既要被繁华震撼过,又要被质朴感动过,这两种体会之间,丈量着一个生命能够拥有的广度和宽度。

世界越大,我越小

我们走在修行路上,修的是什么呢?
师说,是觉察,是觉知,是觉悟。

这个世界有那么多人,我们偏偏遇见了彼此。

在交会的刹那——

今天,是在告诉我什么?

你来,是在提醒我什么?

此刻,我又觉察到什么?

一抬头,天空没有翅膀的痕迹,而我已经飞过。

世界越大,我越小。

3. 活在祝福里

和高能量的人在一起

研究表明,你身边最常接近的几个人的平均值,就是你的价值。在消极沮丧的情绪中只能看到怨气,而在积极向上的环境中你总能发现美好。你身边有这样的人吗?

一点小事就和你吵闹,嘴巴里不饶人,事事较真儿和你抬杠;有了问题就和你抱怨,整日里怨他人,看不到自身的不足;看你过得好就嫉妒你,说话难听不已,甚至背后搞小动作。

以上,都是负能量的人,都是不断消耗你,给你生活制造烦恼的人。

今后,请远离这种消耗你能量的烂人烂事,你一定要多去靠近那些有力量的人。

和简单的人在一起，便没那么多复杂；和真诚的人在一起，便没那么多欺骗。

选对了人，少纷争；选错了人，多逆境。

靠近怎样的圈子，就会成就怎样的人生。

请活在祝福里

请活在给予里，活在祝福里，活在奉献里。

遇见一个发自内心对你好的人，请感恩他，因为他用愿力和慈悲已经等候你很多年；遇见一个对你造成伤害的人，请原谅他，因为他也用业力和嗔恨等候你很多年。

人生，往近了看是概率；往远了看，都是因果。

你过得越好，看不惯的越少

30岁之后，最好明白这一点：自己过得越好，看不惯的越少。

不用看不惯这个，看不惯那个。看到别人做点什么，总想提提建议。看到别人有问题，总想指点指点。每个人都有自己的活法，每个人都有自己的选择。

各有因果。有智慧的人从因上找突破，而大部分人只是盯着结果看。过得好是果，而看不惯是因。

因为你看不惯的少，所以你才能过得越来越好。为什么呢？一个人只有放下对他人的成见，才能化解自己内心的矛盾和挣扎，才能减少内耗，保持高能，轻松前行，所以他越过越好。

当你的能量越来越高时，你开始真正理解每一个人。没有好坏，没有对错。只是他们处于不同的能量频率，呈现不同的姿态，做了不同的选择而已。

对自己负责，才叫成年人。

先把自己管好，把该干的事儿干了，把时间和精力花在操心自己上。

自己过得越好，看不惯的越少。

今夜，请在你祝福的宾语里，加上所有人

不要鲁莽地打断这个良夜，因为——孩子的梦，很轻，很轻……

今天，看到一个孩子的考场作文，稚嫩的年纪，颠沛的生活，破碎的心……

读到的那一刻，心怔怔地，像是要碎。

孩子在作文的结尾处写道：

"我还记得那年，我一边愤恨地砸石子，一边等着某人的电话……直到今天，那些石子，才纷纷落地……"

"爱你，老妈，明天见。"

生而为人，各有不易。

父母也好，孩子也好，每个人都有一个，你没有看见的内心世界……

今夜，请在你祝福的宾语里，加上所有人。

祝福所有人，都能，心有所安，心有所属，都能呼唤出，妈妈的名字……

这是我今天，送给你的祝福。

生命中所发生的一切，都是为我而来

我生命中所发生的一切，都是为我而来。我的生命完全由我自己来创造。

凡我关注，必将得到强化。宇宙中最强有力的法则就是吸引力法则。

宇宙中的一切都是能量。思想也是能量。改变所想，也就改变了命运。

想象力就是一切，它是生命将发生之事的预览；好感觉就是开关，你怎样感觉你就会怎样经验。

凡我专注，就在创造。想着富足，看着富足，感觉富足，体验富足。没有什么不可能。越是使用我的内在力量，我就会拥有更多的力量。

所有美好的思想都会强而有力地引领我们上升，所有负面的思想也都强而有力地拽着我们下降。

内在喜悦是丰盛人生的燃料。我感觉超好。我遇到的人对我都非常得友好。我遇到的事对我来说都很简单。我是被上天眷顾的人。我的人生是无限精彩。我对一切美好事物的渴望和感觉正在增加。我为已经拥有和想要拥有的事物不断感恩。

生命中所发生的一切，都与我相关联。我的生命完全由我自己来创造。这个精彩非凡的宇宙带给我们所有美好的事物。我臣服，我感恩，我坚定地相信，并且开心地接收。

爱是宇宙中最伟大的力量。爱的感觉是世间最高的频率。我用爱和尊重对待自己和别人。放下抱怨。放下期待。我更多地爱与欣赏身边的人。焦点集中在爱上，就会有更多爱和喜悦回到我身上。

一个人坚持不懈，跋涉在心灵成长的道路上，爱的能力就会不断增长。

向内扎根，向上生长

你永远无法预料，惊喜是从哪里开始的；你永远无法预料，在下个路口会遇见谁；你永远无法预料，是哪句话把你点燃了。

我放松，我敞开，我接纳一切可能性。

活出自己，照亮他人，美好世界。

陪伴更多同频的伙伴。

向内扎根，向上生长。

活出自己，奔向远方。

> 地球是一个生物体。那我们整个民族也是一个生物体，我们彼此之间并非没有任何联系的独立的个体，而是切切实实有密切沟通的共同体，并且这种沟通时时刻刻都在进行，只是我们的大脑意识不到而已。
>
> ——埃克哈特·托利

◇ 慢有引力的故事：我有一个梦想

生命是一趟旅程，我们互相照亮。

在慢有引力与你一起走过的日子里，有过春意盎然，有过烈日当空，有过秋色温柔，也有过寒风凛冽……岁月有起伏，如同乐章，而我从未忘记，我心里有一个梦想。

> 我唯一锲而不舍、愿意以自己的生命去努力的，只不过是保守我个人的心怀意念，在我有生之日，做一个真诚的人，不放弃对生活的热爱和执着，在有限的时空里，过着无限广大的日子。
>
> ——三毛

三毛的这段 40 余年前的话，早已刻进了我的骨子里。我一生热爱美和自由。近年从职场转战心理学，梦想能支持 1000 万人开启心灵成长，与他们一起向善、向内、向远方，帮助更多人更好、更富、更自由。

我梦想有一天，心理学能在全社会得到普及。

我希望有一天，每个人都有机缘觉察自己、向内成长，找到自己的内在开关；不再执着于向外寻求答案，不再祈求别人给到爱与力量，不再在无明无慧中痛苦不断，借由内在成长，活出更好、更富、更自由的人生状态。

我梦想着每个人都能完全地展现自己，全然地做出选择；我希望每个人都能找到自己的使命感，走在属于自己的道途上；我梦想着人们在向善、向内的道路上不断精进，通过不断实修与体悟，活出光和爱的品质，活出明亮与轻盈，并让这个世界因你我而更美好一点点。

我梦想有一天，所有的女性都成为家族中最温柔、最有智慧的人，因为她们的觉知和率先觉醒，将给整个家族带来繁荣和昌盛。

我梦想着所有的孩子都能在爱中长大，带着他们天使般的纯粹，在这珍贵的人间，笑得干净，活得漂亮、尽兴。

我梦想着所有的父母都能被温柔以待，我梦想着所有的父母都能心有所安，心有笃定，健康喜乐、平安自在。

我梦想有一天，所有人都不再为金钱、事业和关系而烦恼，当我们认清了财富运行的底层逻辑时，走在财富的正确通道上，活出自己的天赋才华、热爱与优势，每个人都可以轻松享受美好人生。因为你我本自具足。

我梦想有一天，"慢有引力"成为百年品牌，为亿万朋友带去支持和力量；希望每个人都能在身心成长的路上，慢下来，静下来，松下来——为外在生活做"减法"，为内在生命做"加法"，在"慢"的韵律中丰富自己生命的维度、提升自己能量的频率，提高自己内在生活的品质，让自己的心灵更加扬升、圆满和自在。

借由"慢有引力"持续不断地发声、交换、流动与自我敞开，我梦想着越来越多人也敞开心扉面对生活与世界，以充分地领受生活的恩典。

我梦想有一天，成为知名作家和心灵导师。活出热情、自由、真实、纯粹、慈悲、喜悦、感恩、勇气与爱……走在自己热爱的道路上。我希望自己后半生，一心做着热爱的心理学事业，行走于世界各地移动办公，与世界顶级导师一起学习，并带着全球各地的伙伴四处旅修，身体和心灵都在路上。

我梦想有一天，当我银发苍苍，当金色的晚霞映照天空，我站在君临城的塞口，含泪带笑，欣喜满溢，面对着蔚蓝大海和天空说：

感恩，我来过这个世界；自豪，我爱过这个世界；祝贺，我活出了我自己！

我有一个梦想，一个终生为之奋斗的梦想。

21天高能量朗读手册

每天一篇高能量朗读文,一篇心灵书写的留白。
21天创造你的内在奇迹,陪你一起,心灵成长。

Day 1　今日能量朗读

你有怎样的感觉，就有怎样的人生

每天，都是心灵成长进行时
你有怎样的感觉
就会有怎样的人生

练习感恩，就会拥有珍惜的能力
练习自信，就会拥有坚定的能力
练习有趣，就会拥有幽默的能力
练习赞美，就会拥有愉悦的能力
练习相信，就会拥有信任的能力
练习给予，就会拥有收获的能力

你的生活什么样子，都是你每天练习出来的
练习爱，就会拥有爱的能力。

Day 1　今日心灵书写

今天，你有着怎样的感觉？你为自己设定了怎样的目标和计划呢？

也许，你感觉到了天空的澄澈；也许，有一个瞬间，你想起了某个人，你感觉到些许温暖；也许，今天你有一种喜悦的感觉……

以"今天，我感觉……"为起始句，开始你今天的书写吧。

今天，我感觉_____

_____

_____

_____

Day 2　今日能量朗读

无限感恩，我在这里

感恩我是如此幸运，我拥有健康的身体
感恩我的生命中，遇到如此多的贵人
感恩我是如此优秀，曾创造出一次次不可思议的成就
感恩亲爱的父母，把我带到这个美丽的世界体验一切

感恩所有上师大德，给我们播下了无上智慧、善和爱的种子
感恩我有一个温暖的家
感恩所有的爱与被爱
感恩我一生所得的金钱，支持我实现梦想
感恩我的生命中，经历过如此多的幸运

感恩每天一睁开眼，我就能享受到阳光、空气和水
感恩每一口鲜美的食物，每一条河流，每一本书，每一个表情

Day 2　今日能量朗读

感恩我遇到的所有逆境，塑造了一个更强大的我

感恩身处在这个时代，祖国给了我们宝贵的康宁与和平

感恩这美好的一天

感恩我和自己在一起

并且在这里与你相遇。

Day 2　今日心灵书写

　　生活中有许许多多值得感恩的事情。当你感恩时，你会发现，我们所拥有的，远比我们想要的要多得多。

　　感恩就是吸引。
　　你感恩什么，什么就靠近你。
　　你想拥有金钱，就感恩金钱；
　　你想感受到爱，就感恩身边点滴的爱；
　　你想拥有更多，就感谢自己已经拥有的。

　　感恩健康、感恩父母、感恩贵人、感恩金钱、感恩过去的成长，感恩你的工作，感恩这个国家、感恩音乐、感恩大自然、感恩身边的陌生人，感恩大地母亲，感恩整个宇宙……

　　当你心怀感恩，心中必然充满爱的感受，这种感受会带给你更多的爱！

Day 2　今日心灵书写

以"今天，我感恩……"为起始句，开始你今天的心灵书写吧。

今天，我感恩 _____

_____

_____

_____

Day 3　今日能量朗读

拥有开放的心灵，才能拥有广阔的世界

我内心强大，无事能扰乱我的平静
我与每个人分享健康、快乐、富足的话题
让每一位朋友都感到自身的价值
看到每件事物积极的一面，真诚地保持乐观
积极思考，全力以赴地工作
对他人的成功充满随喜祝贺，就像对待自己的成功那样
放下对过去的执念，活在当下，创造每一刻
相信只要我对世界敞开心扉，世界会对我温柔以待
因为我知道，快乐源于愿意伸出手与他人联结的开放心灵
内疚、恐惧、空虚无法孕育爱
快乐引领我们扩展视野
和平由内心平和的人创造
心无挂碍，无有恐怖
心量宽广，面带微笑
拥有开放的心灵，才能拥有广阔的世界。

Day 3　今日心灵书写

祝贺你，又度过了有意义的一天！

每一天，都是由细小的行动组成的。也许是从早上的一个冥想开始，也许是从一次心灵书写开始，也许是从准备一份 PPT 开始。总之，你的 To do List 上，今天又打上了几个钩。

确定的小行动，让你的心愿不只是心愿，而是正变为现实。
是的，你已经在实现梦想的路上了！

以"我祝贺……"为起始句，开始你今天的书写吧。

我祝贺_____

_____

_____

_____

Day 4　今日能量朗读

这是可以的

每一个活得热烈的人
对这个世界都是一份祝福
他们在说
这是可以的

我可以不完美
我可以不是第一名
我可以慢慢来，不着急
我可以脆弱，有软肋
我可以被热烈地拥抱，真诚地赞美他人
我可以拥有那些美好的东西
我可以拒绝
我可以表达
我可以宽恕
我可以爱自己
我可以选择过我想要的人生

这一切，都是可以的。

Day 4　今日心灵书写

过去，你曾一次又一次地给自己设要求：不可以大笑，不可以没礼貌，不可以落后，不可以示弱，不可以骄傲，不可以躺平，不可以主动……这些"不可以"，有的来自妈妈，有的来自领导……可你心里并不是这样想的。

然而，哪来那么多的"不可以"？！
对生命说是，对自己说是，这是可以的！

以"我可以……"为起始句，说出你压抑已久的话，开始你今天的书写吧。

我可以_____

_____

_____

_____

Day 5　今日能量朗读

我值得一个充满爱的人生

我是世界上独一无二的存在

从现在开始
我不再为别人、为面子而活
我不再与别人投射出来的负面意识
相呼应、起共鸣
我开始学着爱自己
给自己鼓励，给自己撑腰

我疗愈我的旧伤
把光带进我的生命中
我忠于我的感觉
我接受不够完美的自己
我不需要做出让别人喜欢的样子
我不再把能量浪费在别人如何看待我上

从现在开始
我学习做我自己的主人
美好、善良与爱一直在我心里
我有无限力量
无限潜能
无限智慧
我值得一个充满爱的人生。

Day 5　今日心灵书写

爱你的人会为你弯腰，与你优不优秀无关。你不必很优秀，也值得深深被爱。

你值得一个充满爱的生活。

以"我值得……"为起始句，开始你今天的书写吧。

我值得_____

_____

_____

_____

Day 6　今日能量朗读

培养爱的心灵有多重要

大脑产生逻辑思考，而爱来自心灵。闭上眼睛，做几次深呼吸，放松身体上的任何紧张，放松，再放松……

给自己这样的疗愈，允许这股温柔、治愈的能量流出，又流向你——流经你的心窝，流经你的身体，为你带来平静与愈合。

现在，你将成熟的爱与满满的祝福，带给自己：

愿我对自己好
愿我原谅自己
愿我内心坚定强大
愿我看见并拥抱自己
愿我在每一天的体验中，掌握生活的真谛
愿我接受自己的真实样子
愿我能慢下来，愿我能静下来，愿我有耐心等待
愿我越来越轻灵，越来越开阔
愿我保持简单
愿我给自己所需要的光与爱的鼓励
愿我感受到，我正在被无条件、充分地爱着
愿我有一颗永远充满爱的心灵。

Day 6　今日心灵书写

你愿意做一个真诚的人吗?
你愿意为梦想锲而不舍吗?
你愿意与这个世界交换一份好奇吗?

以"我愿意……"为起始句,开始你今天的书写吧。

我愿意_____

_____

_____

_____

Day 7　今日能量朗读

每一天，都是丰盛的满足

每一天，我都允许自己接受宇宙源源不断的恩典与祝福。

每一天，我都会吸引到无限美好的运气——好运与奇迹、爱与祝福都会常伴我左右。

每一天，我都练习爱护自己的身体，照顾自己的心灵，用宇宙给予我的活力满满的内在精神，用爱与慈悲，去显化充满魅力的外在生活。

每一天，我与财富的关系越来越亲近，我在事业上会遇到各种很好的机会，我轻松地与财富和机会握手言欢，并获得丰盛的滋养。

每一天，我都在朝着自己目标实现的路上，见证自己的进步；并且协助我的家人享受更高层次的幸福与富足。我的家庭会甜甜蜜蜜，我的亲人们也都会拥有足够的幸运与能力去自我实现。

Day 7　今日能量朗读

　　每一天，我都尽己所能友善对待身边的每个人，所说之话给人以力量，所到之处给人以阳光，让这个世界因我的存在而多一份美好。我相信，我们的每一次联结都是善缘，既是我的功课，也是我的幸运。

　　每一天，我的身体都保持健康，我的身材越来越好，我的头脑越来越敏捷，我的生活越来越好。

　　每一天，我都愿意接受宇宙所有的安排。

　　每一天，我都活在爱、慈悲、自由、感恩以及满足之中。

　　感恩并且祝福所有！

Day 7　今日心灵书写

我们每一次许愿，都是一种祈祷或深深的祝福，作为一种净化心灵的方式，它是我们与宇宙的一种沟通途径。

当我们心中充满善意时，世界上便会多一份和平与喜悦；当我们心中充满爱时，自己的人生也会多一份幸运。

在起心动念的每个当下，将内心的祝福传递出去，这种发自内心的、纯粹的祝福能量是非常强大和真实的。

Day 7　今日心灵书写

以"我祝福……"为起始句,开始你今天的书写吧。

我祝福 _____

_____

_____

_____

Day 8　今日能量朗读

金钱的能量就是爱的能量

关于金钱，我释放我所有的限制和沉重感
我释放我所有的愤怒，我释放我所有的恐惧
我释放我所有的创伤，我释放我所有的委屈
我释放我所有的脆弱，我释放我所有的焦虑
我释放我所有的罪恶感，我释放我所有的愧疚感
我释放我所有的羞耻感，我释放我所有的自卑感
我释放我所有的挫折感，我释放我所有的匮乏感
我释放我所有的无助感，我释放我所有的无价值感

金钱是一个很棒的东西
我允许自己享受赚钱的乐趣
我允许自己轻松快乐地富足
我不断地赚钱，不断地回馈社会
我不断地成长，不断地帮助别人
我很有钱，是一件很棒的事情。

Day 8　今日心灵书写

作为人类集体意识的创造产物,金钱是一股强大的能量。根据吸引力法则,以什么样的心态使用金钱,就会带来什么样的结果。

如果一个人始终以匮乏的心态看待金钱,那么他的匮乏感将越来越深;如果一个人始终以欢喜、感恩的心态看待金钱,那么他就会越来越富有。

以"我有钱……"为起始句,开始你今天的书写吧。

我有钱_____

_____

_____

_____

Day 9　今日能量朗读

我不需要去背负父母的命运

亲爱的爸爸妈妈，感谢你们给了我生命
此刻，我全然地接受你们是我的父母
也请你们接受我是你们的孩子
我全然地接受你们对我所做的一切
也接受我因此需要付出的代价

亲爱的爸爸妈妈，我理解你们是平凡的人
你们也有盲点和缺点，害怕和无助
我接纳你们的不完美，也理解你们的脆弱和恐惧
但我决心不让伤痛怨恨代代相传，我不再让我的子孙受苦
此刻我臣服于生命的安排，臣服于你们是我的父母
我只是你们的孩子
我要做的，是好好活出我自己
而不是去背负你们的命运
从此以后，我将丰富并荣耀我的生命
而且如果可以
我会将你们给予我的生命传递下去
一如你们所做的
亲爱的爸爸妈妈，谢谢你们，我爱你们
我会踏上真正属于我自己的旅程。

Day 9　今日心灵书写

你有多久，没有跟爸爸妈妈聊天了？

你心里藏着许多的委屈、愤怒、爱或者其他的情绪，你一直想找到一个合适的时机，对你的父母倾诉，但是你既没有等到这样的"合适的时机"，也缺少那样的勇气。

以"我想说……"为起始句，开始你今天书写吧。

我想说_____

_____

_____

_____

Day 10　今日能量朗读

这世界总有人，为我而来

爱我的人会为我弯腰
与我优不优秀无关
我不必很优秀
也值得深深被爱

我优秀不是为了被其他人爱
是为了成为更完美的自己
是自我成就
是随心起舞
是享受旅程
是爱自己，也是提升自己爱的能力

优秀是自我需要，爱不爱随意

这世界总有人，为我而来
也许我没有那么多耀眼的成就
也许我没有那么多傲人的光环
但我拥有内在的平静
自洽又自爱
自在又饱满
这就足够收获一个温暖幸福的人生。

Day 10　今日心灵书写

生命中，有多少人从你的世界路过，给过你真挚的爱意？

父母无私的爱，爱人饱满的爱，朋友温暖的爱，陌生人友好的爱，庙堂之上拈花微笑的慈悲之爱……

是这些爱，为我们的生命涂上了绚烂的色彩；是这些爱，让我们获得勇气和力量穿越未知的旅程；是这些爱，在支撑着我们的灵魂前行。

以"谢谢你"为起始句，开始你今天的书写吧。

谢谢你＿＿＿＿＿＿＿＿＿＿＿＿＿＿＿＿＿＿＿＿＿

＿＿＿＿＿＿＿＿＿＿＿＿＿＿＿＿＿＿＿＿＿＿＿＿

＿＿＿＿＿＿＿＿＿＿＿＿＿＿＿＿＿＿＿＿＿＿＿＿

＿＿＿＿＿＿＿＿＿＿＿＿＿＿＿＿＿＿＿＿＿＿＿＿

Day 11　今日能量朗读

我是丰盛，我是喜悦，我是富足

我专注于我喜爱的事物，并吸引它们出现
我的想法从爱出发，并且非常正面
我拥有的选项和成功的机会每天都在增加
我深爱并信任我的想象力
我是无限的存在
我能创造我想要的任何事物
我为自己也为别人描绘出色彩斑斓的景象
我的梦想实现了

我生活在浩瀚的宇宙中
我拥有我所需要的每一样东西
我通过生机活力和爱创造财富
我做的每一件事，都带给我活力和成长

Day 11　今日能量朗读

我创造的一切都令我感到满意
我凝聚能量，用它来实现我的目标

我是丰盛富足的
我允许自己拥有的比梦想的还要多
我四周围绕着能反映我活力与能量的物品
我感谢我所有的身份和我拥有的一切
我欣赏自己，我感谢生活的美好
我选择活出精彩的人生
我爱我自己。

Day 11　今日心灵书写

很多人眼里，只见问题，却不见资源。

一枚硬币有两个面。心理学家阿尔弗雷德·阿德勒说，决定我们自身的，不是曾经的经历，而是我们赋予经历的意义。任何一件事情发生的背后，都有一个正面的意义，那是生命的礼物。

当你眼里充满了正面思维，你会豁然开朗：原来，这一切都是为我而来，而非冲我而来。一念之转，你选择的解释变了，你的生活随之也就全变了。

Day 11　今日心灵书写

以"我发现……"为起始句,开始你今天的书写吧。

我发现 _____

_____

_____

_____

Day 12　今日能量朗读

拥抱你的内在小孩

亲爱的小孩，你好吗
现在，你感觉如何
我在听

对不起
过去一直忽略你，没能照顾好你，请你原谅

过去没能保护好你，让你受了那么多委屈
你曾经希望有人能懂你所有的难
过去，你渴望得到一句表扬却没有得到
过去，你那么期待一个拥抱却只得到背影
你在黑暗中，心里害怕却无人安慰
无人理解，也无人看见
亲爱的小孩，现在，你再也不会有以上种种了
因为有我在

Day 12　今日能量朗读

我在这里，别害怕
我来保护你，我看见你了
你被我爱着，你很安全
以后，我再也不会跟你分开

对不起
请原谅
谢谢你
我爱你。

Day 12　今日心灵书写

每个人心里都住着一个内在小孩。

它是我们内心深处保留的、与童年经历相关的情感状态、记忆和体验。它代表了我们最初的感受、需要以及对世界的纯真看法。它体现了我们本真的自我，包含了我们最原始的欢乐、恐惧、愤怒和悲伤。

那一个被迫送人的玩具，那一条哭了很久妈妈也没买给我的裙子，那一晚等了很久也没有等来父母陪伴的漆黑夜晚……都成了横亘在心里无法翻越的高山……

我们成长过程中未被满足的需要、未被允许的情绪或未被处理的创伤，都压抑在我们的潜意识里，凝结在我们内在小孩的意向里。

Day 12　今日心灵书写

以"抱抱你"为起始句，开始你今天的书写吧。

抱抱你 _____

_____

_____

_____

Day 13　今日能量朗读

给自己的爱的对话

又是美好的一天
我又在创造新的可能
我每天都用爱的语言跟自己对话
我每天都感恩自己所拥有的一切
我每天都绽放自己
我每天都感受到恩宠与勇气

多读书，多运动
吃健康的食物
作息规律
我用健康的生活方式滋养自己
这让我愉悦，并且能量充沛

我每天都充满爱
我每天都感受到光
我每天都在感恩遇见
我每天都能感受到宇宙
给我爱的回应

Day 13　今日能量朗读

我相信我是有价值的
我相信我是值得被爱的
我是一个受欢迎并被需要的人
我是自由的,别人也是自由的
我接纳我周围的一切
我放松我自己
让生命如河水般自在流淌

我越来越少抱怨了
我减少关注那些负面信息
我不再给自己制造紧张与不安
我花更多的时间,与我的身心在一起
观察我的呼吸,也观察我的念头
我花更多的时间走进大自然
晒太阳、欣赏身边的一花一木
我发现身边的世界一直那么温柔
而我们之间的联结越来越紧密

Day 13　今日能量朗读

我每天都为这个世界祝福
我看到了这世界有那么多人
我理解每个人的不容易
我理解一个人自有其局限、课题与命运
我也有我的
但我依然要祝福每个人
一切都会过去
一些都是刚好

从你的世界路过
我希望自己是一份礼物
愿你我
健康，平安
幸福，安好。

Day 13　今日心灵书写

直到你被看见,并被另一个人祝福,否则你不算全然存在过。

每天,都与自己进行爱的对话,是你送给自己最好的礼物。

今天,你送给自己的爱的礼物是什么呢?

以"嗨,你好啊……"为起始句,开始你今天的书写吧。

嗨,你好啊＿＿＿＿＿＿＿＿＿＿＿＿＿＿＿＿

＿＿＿＿＿＿＿＿＿＿＿＿＿＿＿＿＿＿＿＿＿＿

＿＿＿＿＿＿＿＿＿＿＿＿＿＿＿＿＿＿＿＿＿＿

＿＿＿＿＿＿＿＿＿＿＿＿＿＿＿＿＿＿＿＿＿＿

Day 14　今日能量朗读

你有多爱自己，就有多强大

我爱我自己。

我总是专注于自己喜爱的事物，并把它吸引到我的身边。

我值得一切美好和恩宠。

我深爱并信赖我的想象力，而我创造的比我想象的还要好。

我是一个有价值的人，这一点毋庸置疑。

我只需要我自己的认可，我不需要向别人证明我自己。

我在脑海中描绘自己丰富的人生画面。

我看见那个洋溢着幸福、喜悦、自在的我，沐浴在阳光下微笑。

Day 14　今日能量朗读

我散发着自重、宁静、喜悦、自爱和快乐的气息。
我爱我自己。

我的生活中充满了美好的事物。
我充满了吸引力,我吸引金钱、繁荣。
我很勇敢,我为自己挺身而出。
每一件我创造的事物都带给我活力和成长,并令我实现自我价值。
我是思想的主人,我充满力量,我能完全控制我的思想。
我永远坚定地支持我自己。

Day 14　今日能量朗读

我凝聚爱的能量来创造，好运总是青睐我，好事总是轻易来到。

我花时间自省，我聆听内在的声音，我深信我的内在力量，它会告诉我答案。

我总是处于天时地利之中，我拥有一切通往美好现实的机会。

我跟随宇宙的指引，走在那条实现自我价值的道路上。

在这条路上，我能看到爱，我能感受到爱，我就是爱。

Day 14　今日心灵书写

没有一个人的爱，会比你爱你自己更深刻。

人生，是可以选择的。

每天，都给予自己爱的肯定；每天都可以主动选择爱自己多一点。

以"我选择……"为起始句，开始你今天的书写吧。

我选择_____

_____

_____

_____

Day 15　高能量朗读

我决定了，奇迹就会发生

我越来越深爱我的想象力
我越来越信任我的直觉
我越来越相信自己是被祝福着的
我越来越相信爱，它会带我到我想去的地方
我决定了，奇迹就会发生

我拥有很多积极的念头
我的生活将到达一个更高的水平
我的内心越来越宁静
我的祝福就要实现了

我知道，只有我自己变好了
我才能吸引到更好的人
我来到了人生的转折点
一旦我决定了想要什么
全世界都会来帮我
我会遇见同频的、喜欢的人
我会推开通往幸福的大门
我决定了，奇迹就会发生

我拥有美好的灵魂
我从不后悔过去的付出
我会拥有很棒的生活
我决定了，奇迹就会发生。

Day 15　今日心灵书写

很多时候，你的指令有多清晰，宇宙对你的回应就有多精准。你的决定，是你向宇宙发出的意愿信号。

你决定了要做一个幸福的人，你就会成为那个幸福的人！

以"我决定……"为起始句，开始你今天的书写吧。

我决定_____

_____

_____

_____

Day 16　今日能量朗读

充满爱的生活

我拥有很多很多爱
我爱自己胜过爱男人
我值得被宠爱
我不对任何人言听计从，我有我的计划和节奏
我的安全感来自我自己
我绝不和不爱我的男人纠缠

我过自己喜欢的生活，爱我想要爱的人
除非我愿意，否则没人能够伤害我
我会找到属于我自己的道路，我不被任何人定义
属于我的终会到来
我值得一切美好

我拥有整个宇宙的爱
我既能融入热闹，更能享受独处
我是自己最大的支持者
我不再进行任何自我批判和自我攻击
我是超级幸运儿，我一定能遇到我理想的伴侣
我准备好迎接爱情
我值得拥有充满爱的生活。

Day 16　今日心灵书写

爱上一个人是非常自然的事情。爱一个人怎么会是痛苦的呢？如果有人感觉痛苦，那是他的事情，他需要从中学习爱是什么。会造成我们困惑和痛苦的，是我们想象出来的那些东西。

爱情就是一种融入，你融入了他，他融入了你，你觉得自己完全被他看见，他也完全看见了你，然后你在他那里得到了完全的信任和爱的能量，这就是爱情。

以"我爱你……"为起始句，来流淌你满满的爱情能量吧。

我爱你＿＿＿＿＿＿＿＿＿＿＿＿＿＿＿＿＿＿＿

＿＿＿＿＿＿＿＿＿＿＿＿＿＿＿＿＿＿＿＿＿＿＿

＿＿＿＿＿＿＿＿＿＿＿＿＿＿＿＿＿＿＿＿＿＿＿

＿＿＿＿＿＿＿＿＿＿＿＿＿＿＿＿＿＿＿＿＿＿＿

Day 17　今日能量朗读

永远相信好事正在发生

我相信，蝴蝶会长出金色的翅膀
我相信，河流会去往春天的方向
我相信，石头与珍珠有着同样的品质
我相信，泥土穿过黑暗一路歌唱

我相信，低谷过后就是上升
我相信，不完美是生活的一部分
我相信，眼泪也可以开出花朵
我相信，每个发生必有礼物
我相信，爱是一种循环，我们都被照耀

我相信，无论遇见谁都可以成为善缘
我相信，一切都有可能，我会成为我相信的那样
我相信，更好的未来正在来的路上

我相信，一切都是最好的安排
我相信，今天的好事正在发生。

Day 17　今日心灵书写

你相信的,就是你能拥有的。只有内心渴望的事情,才能将其纳入可能实现的范围。

你相不相信,好事正在发生?

以"我相信……"为起始句,大胆描述你的金色想象吧。

我相信_____

_____

_____

_____

Day 18　今日能量朗读

从今天开始的每一天

从今天开始的每一天
我的每一个细胞都充满活力
我的身体越来越健康
我的头脑越来越灵活
我越来越爱自己和家人
我的家庭甜甜蜜蜜，充满欢声笑语

从今天开始的每一天
我变得越来越幸福和感恩
我释放自己内心的不安和恐惧
我接纳全部的自己和周围的人
我的脾气越来越好
我的笑容越来越多
我的生活越来越顺

Day 18　今日能量朗读

从今天开始的每一天
我向所拥有的生活表达感激
所到之处，给人以希望
所说之话，给人以力量
我的内心充满了慈悲和安宁

从今天开始的每一天
我都会接收到宇宙的馈赠
我的精力越来越充沛
我的内心越来越明亮
我的生活越来越美好
我已经成为一个全新的我

Day 18　今日能量朗读

从今天开始的每一天
我遇到的一切困难和障碍都会消退
我对它们心怀敬意，臣服而不抗拒
它们很快就会变成我的善缘
要么来助我，要么来渡我
我深信一切都是最好的安排

从今天开始的每一天
我不再背过身，躲避这个世界
我选择敞开心扉，拥抱滚烫的人生
我浑身充满着美好的能量
我知道我已经成为爱的使者
奇迹和爱都会一直伴随着我
我就是奇迹和爱的化身。

Day 18　今日心灵书写

当狐狸接受了小王子的驯服，狐狸说："你每天最好相同时间来。比如，你下午四点来，那么从三点起，我就开始感到幸福。时间越临近，我就越幸福……所以应当有一定的仪式感。"

"什么是仪式感？"小王子问狐狸。

"它就是使某一天与其他日子不同，使某一时刻与其他时刻不同。"狐狸说。

每一天都是全新的。

以"我宣布……"为起始句，开始你今天的书写吧。

我宣布_____

_____

_____

_____

Day 19　今日能量朗读

允许一切的发生

我允许任何事情的发生
我允许，事情是如此的开始
如此的发展，如此的结局
因为我知道，所有的事情
都是因缘和合而来
一切的发生，都是必然
若我觉得应该是另外一种可能
伤害的，只是自己
我唯一能做的，就是允许

我允许别人如他所是
我允许，他会有这样的所思所想
如此的评判我，如此的对待我
因为我知道，他本来就是这个样子
在他那里，他是对的
若我觉得他应该是另外一种样子
伤害的，只是自己
我唯一能做的，就是允许

Day 19　今日能量朗读

我允许我有了这样的念头
我允许，每一个念头的出现
任它存在，任它消失
因为我知道
念头本身本无意义，与我无关
它该来会来，该走会走
若我觉得不应该出现这样的念头
伤害的，只是自己
我唯一能做的，就是允许

我允许自己产生了这样的情绪
我允许每一种情绪的发生
任其发展，任其游走
因为我知道，情绪只是身体上的觉受，本无好坏
越是抗拒，越是强烈
若我觉得不应该出现这样的情绪
伤害的，只是自己
我唯一能做的，就是允许

Day 19　今日能量朗读

我允许我就是这个样子
我允许，我就是这样的表现
我表现如何，就任我表现如何
因为我知道，外在是什么样子，只是自我的积淀而已
真正的我，智慧具足
若我觉得应该是另外一个样子
伤害的，只是自己
我唯一能做的，就是允许

我知道，我是为了生命在当下的体验而来
在每一个当下时刻，我唯一要做的
就是全然地允许，全然地经历
全然地体验，全然地享受
看，只是看
允许一切如其所是

——伯特·海灵格

Day 19　今日心灵书写

允许自己做自己，也允许别人做别人，是一种生活的大智慧。

很多时候，我们的痛苦来自对抗，来自不允许。生活不过是见招拆招，允许一切的发生。

当你允许，你就不会消耗无谓的能量来抵抗命运，你就不会内耗，你所有的力量都集中在走好当下的每一步。

当你允许，变得包容，你就开始有了真正的放松，你就成了一个柔软的人。

当你允许，变得柔软，你就开始有了与自己和解的可能，你就有了自己内心的平静。

当你允许，只是全然地允许一切如是，自己成为管道，这时候，你会跟真相相遇。

以"我允许……"为起始句，看一看，你的允许空间又扩大了多少呢？

我允许_____

_____

_____

_____

Day 20　今日能量朗读

若不是看见了你，我至今都还在世上流浪

当我向内看
真相就出现了

在这里，我终于找到了回家的路
我回来了，我终于找到了那个迷失的自己
带着我全新的力量
带着我所有的宝藏
我轻轻地对她说
我来了，我来保护你
从此，我们不分开

我看着你站在光里
我看见你了
我知道你的委屈
我知道你的孤独
我知道你所有没说出的话
我知道你的优秀
我知道你的梦想
我也知道你过往骄傲的荣光

Day 20　今日能量朗读

对不起
请原谅
谢谢你
我爱你

我看着你站在光里
我想让你知道
我是爱你的
我是支持你的
你从来都不是孤身一人
我永远跟你在一起
你值得很多很多爱
你是值得的

对不起
请原谅
谢谢你
我爱你

若不是看见了你呀
我至今都还在世上流浪。

Day 20　今日心灵书写

你是如此善良、有爱，你对周围的人友善、温暖，却常常忽略了最重要的那个人——你自己。

向内看，看见那个在人海中奔走的自己
看见她，正在寻找生命的幸福
看见她，正在试图免除成长的痛苦
看见她，她正在寻找爱与支持
看见她，她正在明白生命中的孤独、忧伤和绝望
看见她，她正在学着了解生命
看见她，对她说

对不起
请原谅
谢谢你
我爱你

Day 20　今日心灵书写

以"我看见……"为起始句,送给那个认真生活的你自己——

我看见＿＿＿＿＿＿＿＿＿＿＿＿＿＿＿＿＿＿＿＿＿

＿＿＿＿＿＿＿＿＿＿＿＿＿＿＿＿＿＿＿＿＿＿＿＿＿

＿＿＿＿＿＿＿＿＿＿＿＿＿＿＿＿＿＿＿＿＿＿＿＿＿

＿＿＿＿＿＿＿＿＿＿＿＿＿＿＿＿＿＿＿＿＿＿＿＿＿

Day 21　今日能量朗读

活出喜悦丰盛的赞颂

从这一刻起，我邀请无穷无尽的丰盛进入我的生命。

我渴望的一切都在我心里。

我期待并接受丰盛轻松地流向我。

我拥抱我的潜能，无论我梦想要成为什么、做什么、拥有什么、都能实现。

我将我的意图放入充满一切可能性的海洋，并允许宇宙通过我来实现。

当我放下想要安排自己人生的执念后，宇宙就会把丰盛和美好都带给我。

当我活在当下的觉知，我就活出了与万物共同命运的魔力。

我赞颂我和所有的生命融为一体，因为我知道我们彼此相连。

我无忧无虑，轻松愉快地度过每一天。我知道，一切都很好。

Day 21　今日能量朗读

今天，我记得要爱迎面而来的每个人、每件事。

今天，我记得要感恩。

今天，我的行动力很强，我生活中的一切都井井有条。

今天，我所有的事情都可以轻松搞定，每一件事情都很简单，都很容易。

今天，是轻松快乐，收获满满的一天，是充满成就感的一天。

感恩我做出了很棒的选择，因为我做选择的时候，充满了觉知。

感恩此时此刻，我正活在丰盛里。

今天，我赞颂这美好的生活，我值得这一切。

Day 21　今日心灵书写

生命中所有的发生都不是理所当然
鸟儿为什么会歌唱
河流为什么会奔腾
一朵云为什么会遇见另一朵云
我为什么会热泪盈眶

造物者的一切安排，都值得赞颂
赞颂我们与所有的生命融为一体
因为我们万物一体，彼此相连

Day 21　今日心灵书写

以"我赞颂……"为起始句,热烈地赞颂你今天的一切吧!

我赞颂_____

_____

_____

_____